古人生活有意思

且慢

石继航 著

江苏凤凰美术出版社

▲ 清 丁观鹏《行乐图》

代序

赏心乐事知多少
雪月风花是四时

　　"人事有代谢，往来成古今。江山留胜迹，我辈复登临。"这一日，我独坐在太行山中的石崖之上，怅然望着那轮血色的残阳，心中涌出无限感慨。

　　千百年过去了，我们已来到一个科技飞速发展的时代。几秒钟内，交易所中的金融游戏就可以蒸发或裂变亿万的财富；几分钟内，有可能一辆汽车已经下线；十个小时之内，我们就可以从地球这一边飞到那一边。所以，假如真有古人穿越到我们这个时代来的话，看到千里眼、顺风耳的神话在今天已司空见惯，一定会瞠目结舌、惊疑不定。

　　然而，我觉得，当穿越来的古人习惯了以后，也许就不会再像刚开始那样羡慕我们现代人了，因为，与古人相比，我们现代人的快乐，真的会多很多吗？

　　过不了多久，古人就会发现，现代人虽然物质上丰富了很多，各种科技手段也先进得有点神乎其神，但还是没有从根源上消除人生在世的种种苦恼。一样有着生老病死的煎熬，一样有着酒色财气的诱惑，一样有着落寞、焦虑、倦怠、忧伤、纠结、执迷、空虚、恐惧、绝望……

虽然与古人相比，我们拥有的是多了很多，却也缺少了和山水田园亲近相融的时光。在越来越密集的大都市中，不少人的青春迷失于钢筋水泥丛林里，在不知晨昏冬暑的写字楼中，面对着缤纷变幻却并不真实的电脑屏幕。不知不觉中，流年暗换，人们感受到的不再是红了樱桃，绿了芭蕉，而是驼了脊梁，秃了头发。

不像古人，春回时，欣喜于"屋上春鸠鸣，村边杏花白"；夏热时，陶醉在"荷风送香气，竹露滴清响"；秋来时，感触到"何处秋风至，萧萧送雁群"；冬雪时，悠然看"隔牖风惊竹，开门雪满山"……正所谓："春有百花秋有月，夏有凉风冬有雪。莫将闲事挂心头，便是人间好时节。"

和古人相比，现代人缺少了那日长似岁、慢煮时光的悠闲心境。在高效率快节奏的催促下，不再像过去"车马很慢，书信很远，一生只够爱一个人"。一切仿佛都在倍速播放，可以快进点播，一切都像速食面一样简易，相约和团聚变得不再那么困难，也就不再那么珍贵。

而我们的祖先们，有着"日光随意落，河水任情流"的慵散闲适，有着"长日眠高枕，微风洒半醺"的从容惬意，有着"问姓惊初见，称名忆旧容"的欣喜感慨，有着"桐花落井干，鸟语喜归人"的悲欢交集。

有时候，正像沙漠中的水，虽然稀少，却更能给人以慰藉。古人的生活条件远不如现代的人们，却收获了更多得来不易的快乐。没有杳无音信的别离时光，少妇们不会收获"千日废台还挂镜，数年尘面再新妆"的意外之喜；没有那山重水隔的艰难转运，荔枝果就不再是"应是仙人金掌露，结成冰入茜罗囊"般珍异神奇；而三餐丰富、可以随时添置新衣的现代人，却对过大年的感觉由欣喜转为无感。

同时，信息的泛滥也大大稀释了我们的成就感，而因此造成的攀比心理，又给了我们如山般的巨大压力。

所以，现在在网上也有人在吐槽："突然好想去放牛，没有压力，没有江湖套路。以我的智商，只放一头，多了我也数不过来。它吃草，我趴在牛身上睡觉，牛丢了，我也就丢了……省心。"

▲ 宋 佚名 《柳荫归牧图》

有时候，人的诸般情绪，并非是物质和地位的正相关函数。正如郁达夫先生所说："半岁的鸡娘，新生一蛋，其乐也融融，与国王年老，诞生独子时的欢喜，并无什么分别。黄牛吃草，嚼断了麦穗数茎，今年的收获，怕要减去一勺，其悲也戚戚，与国破家亡的流离惨苦，相差也不十分远。"

所以，我们有必要收起内心的狂妄自满，虚心向古人学习一下安恬喜乐的心态，借鉴一下他们享受快乐的赏心乐事。有时扪心自问，我们这些现代人，注重的多是吃喝玩乐等感官刺激，古人却更多地拥有高层面的精神享受，看他们：

楼前桐叶，散为一院清阴；枕上鸟声，唤起半窗红日。——《小窗幽记》

茶熟香清，有客到门可喜；鸟啼花落，无人亦是悠然。——《娑罗馆清言》

净几明窗，好香苦茗，有时与高衲谈禅；豆棚菜圃，暖日和风，无事听闲人说鬼。——《娑罗馆清言》

霜天闻鹤唳，雪夜听鸡鸣，得乾坤清纯之气；晴空看鸟飞，活水观鱼戏，识宇宙活泼之机。——《菜根谭》

这样的快乐，正如古人常说的"清风明月不用一钱买"，是无需多少金钱和地位的。正所谓"木床石枕冷家风，拥衾时魂梦亦爽；麦饭豆羹淡滋味，放箸处齿颊犹香"，未必是豪奢家居才能带来一枕黑甜的梦境，未必是珍馐美味才能带来大快朵颐的快感，未必是名胜山水才能带来心旷神怡的愉悦。

只要稍稍从物欲繁杂的思绪中解脱出来，暂时忘却那些营营扰扰的是非，你就会体味到"月是何色？水是何味？无触之风何声？既烬之香何气？"这无欲无求中的平安喜乐，才真正是悠长而持久的快乐。

让我们翻开那些暗黄发脆的书卷，向祖先取一下经，学一下他们的悠闲和安恬，享受桃园饮宴、曲水流觞、坐月听琴、闲庭对弈、竹楼听雨、石桥踏雪、摘菊盈把、落英拂衣、松花酿酒、春水煎茶的美好体验。

"日月跳丸，忽忽如梦。加以名奔利竞，膏火自煎，只令人叹蜉蝣耳！"

愿我们在这短短的百年之内，不要再辜负那些觉得是司空见惯的良辰美景，也不要再忽略那些唾手可得的赏心乐事。

目录

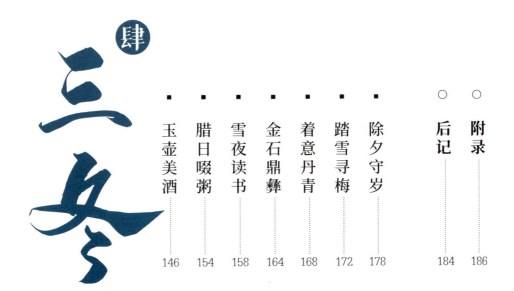

阳春三月，天清景明，万物欣欣向荣。

浩荡的春风，送来熙和的暖意；

如膏的春雨，洗净了天地间的浮尘。

于是，一时间草木生发，

整个世界仿佛都焕然一新，

怎能不让人欣喜开颜？

当百花竞放、柳色青青的春季到来时，

在古人的生活画卷里，

展现着不少的赏心乐事。

壹

阳春

🌸 上元灯火

　　相比隆重热闹的春节，这元宵佳节，更多了一些甜美旖旎的色彩。人们放烟花、吃汤圆、猜灯谜、舞龙耍狮，街巷中万人熙攘，通宵达旦。《红楼梦》中就有描写元宵节的情景，当时大观园中"水晶玻璃各色风灯，点得如同银光雪浪"，彩灯上下争辉，真是一派琉璃世界，珠宝乾坤。

　　含蓄隐约的温柔，拂云逐月的飘逸，一盏盏花灯里，映出衣香盈路的旧时身影，说不尽那层层叠叠的玲珑心事，道不完那缠缠绵绵的相思时刻。千年的故事，像烟花般年复一年绽放在空中，纷落的碎片化成了文字，填成一篇篇、一阕阕的唐诗宋词。

　　"火树银花合，星桥铁锁开。暗尘随马去，明月逐人来"。"火树银花"现在已经成了形容元宵节时的必备词语，在如今都市中常常是霓虹辉映的夜晚，人们早已见怪不怪。但大家要体谅一下古人的心情，看惯了一片漆黑死寂的夜幕，而这一晚，却是天上人间，光芒绚烂，花灯成片，犹如天上的星河落地，蔚为壮观。

▼　明　佚名《明宪宗元宵行乐图》（局部）

▲　清　佚名《升平乐事图·大花灯》
　　几个贵妇带着孩童玩耍，亭边木架悬挂着巨大花灯，孩童们有的放鞭炮，有的看灯，十分高兴。

上元节，是古人的一个狂欢节，闺中的女子们也有了一个难得的机会，能够走出家门到热闹的世界中去"放纵"一番。

所以，有人也称元宵节是古代的情人节。唐朝的中宗皇帝，曾经在元宵节把宫女们都放出宫去游玩。平日里如笼中小鸟的妙龄女子，无不欢呼雀跃，史载宫女"皆淫奔不还"。而依我来看，中宗真是个大好人，宫女们可以暂时摆脱牢笼，利用这个机会，去寻找自己的爱情和幸福。

宋徽宗时，还曾经在皇宫的正门用金壶金杯盛了美酒，宣称与万民同乐，来到这里的人，都会赏酒一杯。据说当时有个少妇挤到这里，也分到一杯御酒来喝。但她喝完酒，就将金杯揣入了怀中，转身就走。皇家侍卫目光敏锐，当场发现，将她当贼捉了去见皇帝。

这少妇却不慌不忙，吟了一首词道："灯火楼台处处新，笑携郎手御街行。回头忽听传呼急，不觉鸳鸯两处分。天表近，帝恩荣。琼浆饮罢脸生春。归来恐被儿夫怪，愿赐金杯作证明。"意思是说，如果没有这只金杯为证，自己满口酒气，俏脸生春，老公见了一问，怎么证明不是和其他男人饮酒私会去了？徽宗皇帝听她讲得入情入理，又如此才思敏捷，于是非但没有降罪，还十分高兴地将金杯赏赐给了她。

从这个故事也可以看出，元宵节时，男女之间的"风流佳话"，从来都不少见。朱淑真也写过"去年元夜时，花市灯如昼。月上柳梢头，人约黄昏后"之句。还有一首诗，叫作"火树银花触目红，揭天鼓吹闹春风。新欢入手愁忙里，旧事惊心忆梦中"。可见，这位著名的才女，曾经在元宵节这一天私会过情人，这是她一生难忘的美好回忆。

要知道，在古代，女人们大门不出，二门不迈，一般情况下根本看不到大家闺秀和妙龄少妇，而元宵节时却不同，平日里足不出户的女子"倾巢出动"，街上的男人也有眼福了。周邦彦在《解语花·上元》一词中写道："风消绛蜡，露浥红莲，灯市光相射。桂华流瓦，纤云散，耿耿素娥欲下。衣裳淡雅。看楚女纤腰一把……"

吴文英也在《倦寻芳·上元》一词中说："海霞倒影，空雾飞香，天市催晚。

暮霭宫梅，相对画楼帘卷。罗袜轻尘花笑语，宝钗争艳春心眼……"

《金瓶梅》中曾写过，西门庆的众妻妾在元宵节时，纷纷打扮齐整，凭楼看灯："吴月娘穿着大红妆花通袖袄儿，娇绿段裙，貂鼠皮袄。李娇儿、孟玉楼、潘金莲都是白绫袄儿，蓝段裙。李娇儿是沉香色遍地金比甲，孟玉楼是绿遍地金比甲，潘金莲是大红遍地金比甲，头上珠翠堆盈，凤钗半卸。俱搭伏定楼窗观看。"

正所谓"你站在桥上看风景，看风景的人在楼上看你"，这些娇艳的美女们引得路人纷纷驻足观望。从另一个侧面也可以看出，元宵节是闺中女人难得的出门机会。此外还有一个机会，就是清明踏青，这个后面再说。

可见，无论男女老少，也无论富贵贫贱，都能在元宵节里快乐一番。

▲ 清 佚名 《升平乐事图·鹿灯》
这幅图上十分热闹，孩童们牵着兔灯、鹿灯、猎狗灯、鹞子灯，还有两个孩童骑着玩具马，手拿兵器弓箭，应该是在模拟大人们的狩猎情景。

初唐时张鷟在《朝野佥载》卷三中描述过："睿宗先天二年正月十五、十六夜，于京师安福门外作灯轮，高二十丈，衣以锦绮，饰以金玉，燃五万盏灯，簇之如花树。宫女千数，衣罗绮，曳锦绣，耀珠翠，施香粉。一花冠、一巾帔皆万钱，装束一妓女皆至三百贯。妙简长安、万年少女妇千余人，衣服、花钗、媚子亦称是，于灯轮下踏歌三日夜，欢乐之极，未始有之。"

如此盛大的狂欢场面，丝毫不逊于现代电影大片中的宏大场景，对于当时物质相对贫乏的古人来说，更是咋舌惊叹，如梦似幻一般了。

在宋代的杭州城内，就有了玲珑剔透的无骨灯、五色斑斓的珠子灯，画满楼台故事。类似于皮影的羊皮灯、旋转如飞的走马灯也早已不再稀罕，甚至还有用水力带动的大型灯屏，百鸟走兽、神怪人物，都可以自行舞动，栩栩如生。

▲ 清 佚名《升平乐事图·花烛鹤灯》
一孩童手牵仙鹤灯，另一孩童高举灵芝状红烛灯，在松下梅边行走玩乐。

古人在元宵节时，还时兴一种叫作"鳌山"的灯景，就是用千百盏彩灯堆叠成山，形状有点像海中的大乌龟。《水浒传》第三十二回，就有宋江在花荣寨中过元宵节时看"小鳌山"的情节：

（宋江）到这清风镇上看灯时，只见家家门前搭起灯棚，悬挂花灯，不计其数。灯上画着许多故事，也有剪采飞白牡丹花灯，并荷花芙蓉异样灯火。四五个人手厮挽着，来到土地大王庙前，看那小鳌山时，怎见的好灯？但见：

山石穿双龙戏水，云霞映独鹤朝天。金莲灯，玉梅灯，晃一片琉璃；荷花灯，芙蓉灯，散千团锦绣。银蛾斗彩，双双随绣带香球；雪柳争辉，缕缕拂华幡翠幕。

村歌社鼓，花灯影里竞喧阗；织女蚕奴，画烛光中同赏玩。虽无佳丽风流曲，尽贺丰登大有年。

清风寨并非京师这种繁华之地，竟也如此热闹，可见元宵节确实是普天下都欢喜热闹的时节。

在明代，紫禁城的楼上张灯挂彩，午门外安设巨型鳌山灯，并特许臣民们在这一天可以到此观灯。要知道，虽然现在故宫午门外是不收门票的，游人可随意参观，但在明代，这里可是皇家重地，禁卫森严，一般人根本进不来。

所以说，对于当时没有 3D 影院、没有见过光怪陆离的现代光影效果的古人来说，元宵节的美景，足以让他们大开眼界，如同置身魔幻世界了。

▲ 清　佚名《升平乐事图·白象花灯》
画面中央的孩童左手执金鱼灯，右手拉着白象车灯，象背莲座宝瓶内有如意、画戟，并悬挂卍字与双钱结。"戟"与"吉"谐音，"壶"与"福"谐音，寓意太平有象、吉庆祥福。

"元宵景，天气正融融。柳线正垂金落索，梅花初谢玉玲珑。明月映高空"。这是南宋词人刘过《望江南》一词的上阕。

是的，不要忘了元宵节也是一个月圆之时。一年的传统节日里，元宵节和中秋节的夜晚，都是明月圆满之时，是温馨团圆、把酒赏月的好时候，不过，正如苏东坡的夫人王弗所说，春月相比于秋月，更有一种柔曼和悦之情。虽然在这个日子里，很多地方依旧是春寒料峭，残雪未消。但在那缤纷盛开的烟花中、热腾腾的汤圆里，这轮明月洒下的是暖暖的银辉和融融的情意。

"有灯无月不娱人，有月无灯不算春。春到人间人似玉，灯烧月下月如银。满街珠翠游村女，沸地笙歌赛社神。不展芳尊开口笑，如何消得此良辰。"这是明代著名才子唐伯虎写下的诗句。是啊，在当年，虽然没有元宵晚会的电视节目可看，但我觉得，古时元宵节的热闹程度一点儿不比现在差。古人在元宵节时得到的欢乐，甚至比我们还要多得多。

▼ 清　佚名《乾隆帝元宵行乐图》

🌸 寻春踏青

经过了漫长的寂寞寒冬，厌倦了那黄土满眼的灰暗日子，终于盼来了浩荡熙暖的春风，这种欣喜的感觉，是终日可以享受空调暖气，待在"暖窝"的现代人很难真切体会的。

古人为了打发寂寞的冬日，有"数九"一说，明代刘侗、于奕正合著的《帝京景物略》中曾提道："日冬至，画素梅一枝，为瓣八十有一。日染一瓣，瓣尽而九九出，则春深矣，曰九九消寒图。"意思是说，在冬至日画一枝梅花，共八十一瓣，自这天起，每天染红一瓣，这样全染完后就过了整整八十一日，不知不觉已是冬尽春来，花开草萌之时了。

▲ 明 顾正谊《开春报喜图》

寒冬腊月盼春风，当真正百花竞放、柳色青青的春季到来时，那份寻春踏青的欢喜，在古人的生活画卷里，也是难得的赏心乐事。明代顾正谊所绘的《开春报喜图》，正反映出古人期盼寒冬快快过去、春天尽早到来的急切心情。乾隆皇帝一向喜欢在古画上乱题字，在这幅画上也写了歪诗一首："梅花坞里春先到，乐岁围炉老友陪。童子庭前鸣爆竹，喜音都共捷音来。"诗虽然直白无味，却也诠释了人们盼春早归的共同心声。

阳春三月，天清景明，万物欣欣向荣。浩荡的春风，送来熙和的暖意；如膏的春雨，洗净了天地间的浮尘。于是，一时间草木生发，整个世界仿佛都焕然一新，怎能不让人欣喜开颜，急出郊外一游呢？

就连一向持重老成的孔夫子，也会在温暖的春日，带着弟子们去沂水之畔游春玩乐一番："暮春者，春服既成，冠者五六人，童子六七人，浴乎沂，风乎舞雩，咏而归。"由此可见，孔夫子并非后世中所塑的泥胎木骨之相，不苟言笑、不讲玩乐之事，对游春踏青这样的娱乐活动，他老人家还是支持的。

古人踏青，旧俗在三月三日上巳，唐人诗"三月初三日，千家与万家。蝶飞秦地草，莺入汉宫花。鞍马皆争丽，笙歌尽斗奢……"就是描绘当时的情景。

杜甫的《丽人行》曾写过："三月三日天气新，长安水边多丽人"。唐代的曲江（在今陕西西安）是游春的好去处，烟水明媚、碧波荡漾、柳荫啼鸟、红蕖映日。开元天宝年间，曲江池面扩展到约70万平方米，有100个足球场大，和现在北京故宫的总面积相当，南有紫云楼、芙蓉苑，西有杏园、慈恩寺、曲江亭……两岸宫殿连绵，楼阁起伏，景色绮丽如画。据传为北宋李公麟所作的名画《丽人行》就反映了春游的情景。

美好的春天，我们可以从庾信的《春赋》中来领略："……三日曲水向河津，日晚河边多解神。树下流杯客，沙头渡水人。镂薄窄衫袖，穿珠帖领巾。百丈山头日欲斜，三晡未醉莫还家。池中水影悬胜镜，屋里衣香不如花。"

古时，踏青春游是男女相会的好时机。《诗经》中所写的"溱与洧，方涣涣兮。士与女，方秉蕑兮。女曰观乎？士曰既且。且往观乎？洧之外，洵訏且乐。维士与女，伊其相谑，赠之以芍药"说的就是这种场景。

到了后世，踏青时惹出的男女爱情故事，也是相当多的。唐代崔护踏青之时，轻叩柴门，见那美丽少女人面似桃花，桃花如人面，于是彼此情根深种，传为爱情佳话。

▲ 北宋（传）李公麟《丽人行》（局部）

西湖断桥之上，也是在踏青归来之际，白娘子遇上了许仙，从此演出那场流传千古的爱情传说。那一柄油纸伞，沾染了春风、春草、春雨的气息，引出春意满满的爱情佳话。

永和九年（353年）的三月初三，春光明媚，天朗气清，惠风和畅，王羲之和谢安、孙绰、孙统等41位文人雅士游春踏青，来到会稽山阴（今浙江绍兴）之兰亭，他们曲水流觞、饮酒作诗，看闲云悠悠，听流水淙淙，叹天地日月之亘古长存，悲人生如白驹过隙、荣枯如朝槿变幻匆匆。就在这酒酣耳热、兴高采烈之余，王羲之挥笔写下《兰亭集序》，有如神助，成为书法界推崇的至宝。

▲ 清　陈九如《兰亭修禊图》（局部）

"蹴鞠屡过飞鸟上，秋千竞出垂杨里。少年分日作遨游，不用清明兼上巳。"从唐代王维《寒食城东即事》这首诗中可以看出传统中的清明节，在祭扫坟墓、寄托哀思的同时，也有着郊游踏青、荡秋千、踢足球、打马球、插柳、拔河、斗鸡等丰富多彩的活动。一面是在苍松翠柏的坟墓前洒泪祭奠，另一面，一转身便是笑语和热闹。无怪于宋代诗人高翥感慨道："日落狐狸眠冢上，夜归儿女笑灯前"，看起来似乎非常违和，但我们换个思路想想，倒也能释怀了，就算是过世的祖先和亲人地下有知，也会期盼儿孙们整日高高兴兴的。祭拜之后，还总是哀伤个没完，那日子还过不过了？

所以，每逢清明节时，城外的九陌芳菲迎来万家车马，花秾鸟娇的春光里，仕女们鲜艳的罗裳熠熠生辉。一时间游人如织，商贾云集，好不热闹。从传世国宝《清明上河图》中，我们可以一窥当年清明踏青时的繁华胜景。

　　《金瓶梅》中聪明美貌的孟玉楼，正是在清明节时遇上意中人李衙内，从此找到了后半生的幸福。在这个踏青的季节里，不知有多少爱情故事在酝酿，"南园春半踏青时，风和闻马嘶。青梅如豆柳如眉，日长蝴蝶飞"。这样如诗如梦的图画，只宜出现在春时。

▲　唐　佚名《春郊游骑图》

🌸 桃园宴饮

"桃花春色暖先开",春光灿烂的时节终于来了,这时桃花是当仁不让的主角。艳丽的桃花仿佛就是春天的象征,人们因此把农历二月叫桃月、春雨叫桃花雨、春天的河汛叫桃花汛。

相比于梅的清瘦、菊的淡雅、莲的高洁,桃花更适宜热闹的气氛。她凝情含笑,摇曳在骀荡的春风里。温风如酒,又见桃花。春天,有了桃花便热闹了起来,她热烈地怒放,带着娇媚和激情,张扬与自信,尽情地展现出迷人的风采。尽管有人会说桃花俗艳,然而这春天的盛典里怎么能少得了她?正是因为有了桃花,春光才烂漫到难收难管。

正所谓"有花堪折直须折,莫待无花空折枝",所以,选在桃花盛开的时候来一次饮宴,何乐而不为?

遥想诗仙李太白,在桃花盛开的日子,和自己的兄弟们一起在花树下饮宴,于是便有了那篇著名的《春夜宴桃李园序》:"夫天地者,万物之逆旅也;光阴者,百代之过客也。而浮生若梦,为欢几何?古人秉烛夜游,良有以也。况阳春召我以烟景,大块假我以文章。会桃花之芳园,序天伦之乐事。群季俊秀,皆为惠连;吾人咏歌,独惭康乐。幽赏未已,高谈转清。开琼筵以坐花,飞羽觞而醉月。不有佳咏,何伸雅怀?如诗不成,罚依金谷酒数。"

这篇小文,短短一百多字,但却写得神采飞扬,充满倜傥之意,令人神往。再遇桃花盛开之时,让我们也效法太白"开琼筵以坐花,飞羽觞而醉月"吧。

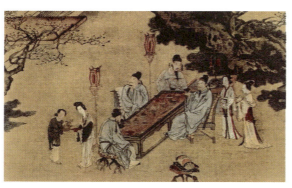

◀ 明 仇英
《春夜宴桃李园图》(局部)

明代袁宏道在《瓶史》中曾经说过："茗赏者上也，谈赏者次也，酒赏者下也。若夫内酒越茶及一切庸秽凡俗之语，此花神之深恶痛斥者，宁闭口枯坐，勿遭花恼可也。"

他是说赏花时最适宜佐一杯清茶静静地观看；如果和人一边观赏一边高谈阔论就不尊重花儿了；如果在花下喝酒，脸红耳热之余大声吵闹，就更为下等了。

不过，我觉得这种说法，也是针对不同的花和不同的感觉。如果对于清雅的梅花、菊花之类，当然上面的说法是完全适宜的，但对于桃花、牡丹这类适宜热闹气氛的，又应另当别论。桃园宴饮的情致，我觉得还是挺应景的。

东汉末年，黄巾四起，群雄割据，民不聊生。刘关张三位豪杰初次相识，就在那桃花盛开的园子里设宴痛饮，义结金兰，成就了千古佳话，正所谓："香袅余烟悲汉鼎，花开三月想桃园。"

我国传统神话中，西王母有一个"蟠桃园"，里面也是盛开着桃花，所以人们赋予了桃花诸多的仙逸气质，李贺有诗："王母桃花千遍红，彭祖巫咸几回死。"这王母娘娘的桃树，可是三千年一开花、三千年一结果的，历经"千遍红"，那可是要过上三百万年。

曹唐《小游仙诗九十八首》之一："海上桃花千树开，麻姑一去不知来。辽东老鹤应惆怅，教探桑田便不回。"此处的桃花，穿越了千万年的沧桑，令人神往。

此外，还有一个刘阮入桃源遇仙的故事。相传汉代，有刘晨、阮肇二人去天台山采药，结果迷路了，后来遇到两位仙女并与之成婚后住了下来。过了些天，刘阮要求回乡，仙女们苦苦挽留不成，终于放他们回去。然而人世已经历了几百年的沧桑巨变，原来的村子、当年的亲人也早已不见，只寻到二人七世孙辈。元稹有诗感慨道："芙蓉脂肉绿云鬟，罨画楼台青黛山。千树桃花万年药，不知何事忆人间。"

▲ 元　赵苍云《刘晨、阮肇入天台山图》

除了这些，在陶渊明的《桃花源记》一文中，桃花也代表着隐逸和超脱。唐伯虎有一首著名的《桃花庵歌》："桃花坞里桃花庵，桃花庵里桃花仙。桃花仙人种桃树，又摘桃花换酒钱……"因后世小说中将唐伯虎演绎为"江南第一风流才子"，所以有不少人误将《桃花庵歌》中的"桃花"，理解为"桃花运"。其实不然，此中情趣，应该是抒发隐者之情。

当然，桃花也代表着时光匆匆，红颜薄命。正如李渔《闲情偶寄》中所说："噫，色之极媚者莫过于桃，而寿之极短者亦莫过于桃，'红颜薄命'之说，单为此种……然勿明言，至生涕泣。"

《红楼梦》中的林黛玉，有一首长诗，名为《桃花行》，书中写宝玉看到此诗时的感受："宝玉看了，并不称赞，却滚下泪来，便知出自黛玉。"

▲ 清　孙温《红楼梦·林黛玉重建桃花社》

所以，桃园宴饮时，咀嚼以上种种人生滋味，实在是回味无穷。人生短短，能有多少韶年？每年桃花的花期，又是何等的短暂！正如白居易所说："华阳观里仙桃发，把酒看花心自知。争忍开时不同醉，明朝后日即空枝。"

所以，趁青春未逝，桃花盛放之时，也在桃林中摆下一桌酒宴，大家欢饮一番吧。抟起那沉睡着的桃花诗篇，抟起那胭脂色的锦纹花笺。风中的花瓣，犹似那潘安在河阳种下的一县桃花；流水中的花瓣，正如武陵渔父寻桃源时的那一溪桃花；酒盏间的花瓣，仿佛是李白春夜宴集时的那一树桃花。

千年流光如箭，桃花却依旧如约而放，让我们不负春光，桃园一醉。

春水煎茶

茶，是一种清雅之物，入诗入画，伴禅伴仙，都极为相宜。但不知为何有人归纳"琴棋书画诗酒花"为雅事，而"柴米油盐酱醋茶"为俗事，实在让我为茶大为不平。

茶之滋味，并不直接贡献热量，而主要是提神醒脑，从而有益于身心。如果失去了它，生活就少了很多滋味，很多乐趣。

茉莉馥郁、龙井清鲜、普洱苦涩、岩茶浓酽，可谓各擅胜场。一盏好茶，滋味无穷，回味悠长，正如好诗好句，耐人咀嚼，需要静心品味，才能享受得到。

▲ 明　唐寅《烹茶图》扇面

唐人卢仝的《走笔谢孟谏议寄新茶》之中的描写，常被爱茶之人奉为经典之句：

一碗喉吻润，两碗破孤闷。

三碗搜枯肠，唯有文字五千卷。

四碗发轻汗，平生不平事，尽向毛孔散。

五碗肌骨清，六碗通仙灵。

七碗吃不得也，唯觉两腋习习清风生。

蓬莱山，在何处？

明 丁云鹏 《玉川煮茶图》

卢仝也因为这一首诗，而拥有了"茶仙"的名头。明人丁云鹏的《玉川煮茶图》将卢仝（号玉川子）画得一副富贵闲人的样子，其实老卢是"玉川先生洛城里，破屋数间而已矣。一奴长须不裹头，一婢赤脚老无齿 ……"，远不似画中这般优雅自在。

而且，我觉得卢仝这首诗不免有些夸张的成分，喝茶喝到第七碗，能有"吃不得也"的效果，还能两腋生风，幻想飞往蓬莱山，这种飘飘欲仙的快感，恐非喝茶可以获得。

相比之下，还是黄庭坚所写的更为可信一些："味浓香永。醉乡路，成佳境。恰如灯下，故人万里，归来对影。口不能言，心下快活自省。"

在心中无事、眼前清净，即是快活时景的心态下，独坐幽窗，品一盏好茶，确实有"妙处难与君说"的茶韵。

"彻旦休云倦，烹茶更细论"，《红楼梦》中妙玉所吟的诗句，虽然脱胎于诗圣杜甫的"何时一樽酒，重与细论文"，但平心而论，烹茶论文，相比于把酒论文，更为从容娴雅。酒酣耳热之余，虽然激情满满，但并不理智，哪有品茶论文，更能道出其中三昧，彼此有所进益呢！

赵明诚和李清照都是爱茶之人，他们在归来堂的"赌书泼茶"，让后世人神往不已。"每饭罢，坐归来堂，烹茶，指堆积书史，言某事在某书、某卷、

第几页、第几行、以中否，角胜负，为饮茶先后"，这种心灵相通的喜乐成为天下众多夫妇们的理想生活。

南宋的陆游也是爱茶之人，从他的《剑南诗稿》中看，茶伴随了诗人的一生。春回时，"戏续春寒赋，闲赓午醉诗。煎茶小石鼎，酌酒古铜卮"；夏热时，"入夏暑犹薄，投闲身自由。午窗初睡起，幽兴付茶瓯"；秋来时，"雨霁鸡栖早，风高雁阵斜。园丁刈霜稻，村女卖秋茶"；冬至时，"茅屋松明照，茶铛雪水煎。山家自成趣，抚枕寄悠然"。

明代的张岱，更是爱茶成痴。有一次他去拜访一个叫闵老子的茶道专家，不巧此人不在家，他一直坐到傍晚，这个闵老子才回家。哪知他刚踏进门，又说手拐忘在某处了，转身去取，张岱却不离不舍，一直坐到夜深，就是要等着尝一下这个闵老子新制的好茶。茶煎好后，张岱于灯下观茶色，嗅香气，连声叫绝。他问闵老子说："这是哪里产的茶啊？"闵老子说："阆苑茶也。"张岱细细一品，说："你别骗我，此茶虽是阆苑茶的制法，但滋味不一样，倒像是罗岕茶！"闵老子大惊，吐舌曰："奇！奇！"他兴奋之下，又持一壶上好茶水满斟给张岱，让他品评。张岱说："香扑烈，味甚浑厚，此春茶耶？"接着又断定刚才喝的是秋天采的。闵老子击掌大笑说："我活了七十多年，还从来没有见过品茶赏鉴之精如你的人。"于是两人成为忘年之交。张岱还改造过

▼ 明　仇英《赵孟頫写经换茶图》

一种叫作"日铸雪芽"的茶，后改名为"兰雪茶"。只不过当明朝灭亡后，张岱也落得晚年落魄，只能是"见日铸佳茶，不能买，嗅之而已"，实在令人唏嘘不已。

虽然好多人也同样饮茶，但茶中的真趣，却未必能够领略，正如《大观茶论》所说："至若茶之为物，擅瓯闽之秀气，钟山川之灵禀，祛襟涤滞，致清导和，则非庸人孺子可得而知矣；冲淡简洁，韵高致静，则非遑遽之时可得而好尚矣。"《红楼梦》中妙玉说："一杯为品，二杯即是解渴的蠢物，三杯便是饮牛饮骡了。"就是说俗人不知茶中真味，不会仔细品鉴其中隽永悠长的滋味。

苏轼有诗曰，"从来佳茗似佳人"。如果这茶出自心爱的女子之手，其味更是绝佳，像沈复的《浮生六记》中写出的情景就令人艳羡不已："夏月荷花初开时，晚含而晓放，芸用小纱囊撮茶叶少许，置花心，明早取出，烹天泉水泡之，香韵尤绝。"沈三白和芸娘的佳话，也因此事平添一番风韵。

▶ 明　文徵明《品茶图》

▲ 清 佚名《柳荫品茶图》

饮茶之趣，一大半在于心境。如果在谨言慎行的官方场合上，或者是在满腹心机的商业会晤中，茶的品质再好，也难以品出什么绝佳的味道。

相反，于春月和悦、春花怒放之时，泡一壶新采的春茶，约两三知己，对坐细品，所得乐趣，可谓如知堂老人周作人所说："得半日之闲，可抵十年的尘梦。"

饮茶宜观画，"醉茶桐影下，展画草窗西"；饮茶宜围棋，"幽香入茶灶，静翠直棋局"；饮茶宜泛舟，"明日烟波远，孤舟自煮茶"；饮茶宜玩月，"煎茶留静者，靠月坐苍山"……诸般雅事，如果少了茶香点缀，情趣不知会逊色多少。

饮茶使人清明在躬、智慧朗照。不像酒后那样混沌浑噩，一如华胥梦中。故有禅茶一味之说，所谓"正、清、和、雅"确实代表了茶的本性。赵州和尚那句"吃茶去"，历来被奉为开悟的机锋。

白居易有诗："得道应无著，谋生亦不妨。春泥秧稻暖，夜火焙茶香。水巷风尘少，松斋日月长。高闲真是贵，何处觅侯王。"

拥有这份闲逸之情怀，才能品得茶中之真味。

🌸 莳花弄草

春季之时，百花争艳，赏花固然是一件乐事，但如果能亲身侍弄一下花草，看到自己亲手栽种的花木绽开鲜妍的花朵，吐露醉人的芬芳时，那份喜悦，不是单单移步到花圃中看花能够获得的。正所谓："我从山中来，带着兰花草，种在小园中，希望开花好……"

"带雨有时种竹，关门无事锄花。"尤其是经常劳形于案牍之间的文人，闲下来浇浇花草，干点体力活，是一种极快意的放松，所以这是大多数士人的休闲方式。

作家柏杨先生在《圣人集》中讲过这样一个故事，说是从前有一个衙役，伺候老爷坐堂，老爷庄严隆重如木偶；伺候老爷赴绅士宴会，老爷不苟言笑如僵尸；伺候老爷巡城，老爷点头缓步又如蛆虫。衙役指天发誓，他宁愿当一辈子衙役，也不愿当老爷也。心想老爷过得是啥日子，没点人味。但偶然有一天，老爷让他进了后宅，打扫花园，只见老爷赤膊浇花，又哼小调，和太太小姐有说有笑，始大惊曰："原来当官的也有人味呀！"

▼ 明 仇英《汉宫春晓图》（局部）

　　由此可见，铲铲土，种种花，实在是忙里偷闲、静中求动的一件好事情。唐代诗人白居易就是一个爱花之人，他在被派往长安附近的盩厔县（今周至县）当县尉时，移栽了一棵蔷薇花，并写诗自嘲道："移根易地莫憔悴，野外庭前一种春。少府无妻春寂寞，花开将尔当夫人。"当时白居易刚参加工作，还未婚娶，所以有"花开当夫人"之说。

　　经历了"江州司马青衫湿"的坎坷之后，白居易后来调任忠州（今重庆忠县）刺史。他在城东找一块荒地，栽上花木，桃、杏、梅之类都有，只要开花就行。有诗《东坡种花二首·其一》为证：

　　　　持钱买花树，城东坡上栽。但购有花者，不限桃杏梅。
　　　　百果参杂种，千枝次第开。天时有早晚，地力无高低。
　　　　红者霞艳艳，白者雪皑皑。游蜂逐不去，好鸟亦栖来。
　　　　前有长流水，下有小平台。时拂台上石，一举风前杯。
　　　　花枝荫我头，花蕊落我怀。独酌复独咏，不觉月平西。
　　　　巴俗不爱花，竟春无人来。唯此醉太守，尽日不能回。

看到自己手植的花木，从小小树苗长成苗壮的林木，那份成就感还是相当强的。"朝上东坡步，夕上东坡步。东坡何所爱？爱此新成树。种植当岁初，滋荣及春暮。"后来苏轼倾慕白居易，取号东坡，正是从白居易东坡种花而来。

南宋大诗人陆游，报国无门，后来闲居绍兴。吟诗之余，也是以种花为乐，他在《居室记》里叙述："舍后及旁，皆有隙地，莳花百余本，当敷荣时，或至其下，徜徉坐起……"据记载，他种竹为篱，埋瓮蓄水，种植了百余株花木，在《东篱记》中他写道："放翁日婆娑其间，掇其香以臭，撷其颖以玩，朝而灌，暮而锄……"

这些劳作让陆游的身心都十分受益，所谓"八十身尤健，生涯学灌园……"在古代医疗条件极差的情况下，陆游能享如此高寿，还能腿脚如此便利，与他日日种花，在劳作中舒筋活血是分不开的。

同时，种花也给陆游带来精神上的愉悦和享受，他在《斋中杂兴十首》其九中写出这一惬意的情境：

> 荷锄草堂东，艺花二百株。春风一朝来，白白兼朱朱。
>
> 南列红薇屏，北界绿芋区。偃蹇双松老，森耸万竹臞。
>
> 余地不忍芜，插援引匏壶。何当拂东绢，画作山园图。

有不少人爱花成痴，明人袁宏道有《瓶史》一书，将花当作美人一般地爱护，还说花也有七情，所谓"淡云薄日，夕阳佳月，花之晓也；狂号连雨，烈炎浓寒，花之夕也；檀唇烘日，媚体藏风，花之喜也；晕酣神敛，烟色迷离，花之愁也；欹枝困槛，如不胜风，花之梦也；嫣然流盼，光华溢目，花之醒也"。

而且他还讲究，要根据花的"感情"变化来呵护花：早晨天好的时候，把花搬到空庭之中，晚上则放在无风不寒的隐秘房间中；"花愁"的时候看花要屏气危坐，"花喜"的时候则可以欢呼调笑；"花梦"的时候要垂下帘幕，仿佛要让花安心睡觉，在"花醒"的时候，才可以"分膏理泽"，即浇花。

由于把花当作美人一般服侍，袁宏道还把浇花改为"浴花"，要"用泉甘而清者细微浇注，如微雨解醒，清露润甲。不可以手触花，及指尖折剔，亦不可付之庸奴猥婢"——用清冽甘甜的泉水细细地浇上去，像醉后淋细雨醒酒一样，又像露水润湿甲片。不可以用手碰花，更不能拿指尖掐，而且浇花的工作不能让长得粗丑的奴仆和丫鬟来做。

▲ 南宋　佚名《瓶花图》

那最好的浇花人选是怎么样的呢？"浴梅宜隐士，浴海棠宜韵致客（有情调的人），浴牡丹、芍药宜靓妆妙女，浴榴宜艳婢，浴木樨宜清慧儿（清雅聪慧的女子），浴莲花宜娇媚妾，浴菊宜好古而奇者，浴蜡梅宜清瘦僧。"

这可就有些难了，去哪里凑齐这一干妙人儿？总不成浇个花要向三山五岳大发英雄帖吧？所以说，这只是一种理想状态罢了。

既然连浇花都如此小心，那插花自然要更讲究。袁中郎说好花要用美器，正像杨玉环、赵飞燕这样的大美女，不可以让她们住在茅草屋里一样。

那什么是美器呢？袁宏道觉得铜器和陶器都是适合插花的："尝闻古铜器入土年久，受土气深，用以养花，花色鲜明如枝头，开速而谢迟，就瓶结实，陶器亦然。"花瓶不宜太粗大，不然会弄得像大堂中供奉香火的用具，就算是古物，也俗不可耐。不过事有例外，像牡丹、芍药和莲花，花体比较大，所以插入大瓶，倒也无妨。

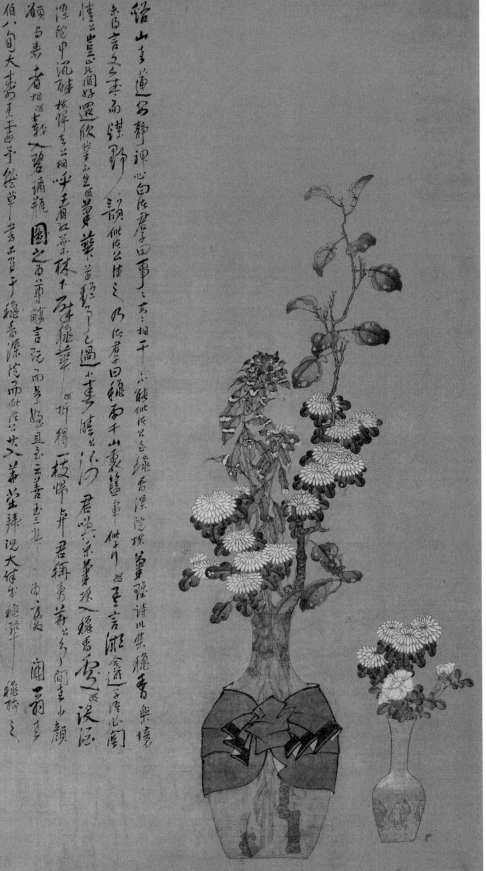

明 陈洪绶《瓶花图》

袁中郎不喜欢把花弄得太繁复、太整齐："插花不可太繁，亦不可太瘦。多不过二种三种，高低疏密，如画苑布置方妙。置瓶忌两对，忌一律，忌成行列，忌绳束缚。夫花之所谓整齐者，正以参差不伦，意态天然，如子瞻之文随意断续，青莲之诗不拘对偶，此真整齐也。若夫枝叶相当，红白相配，此省曹墀下树，墓门华表也，恶得为整齐哉？"

用绳将花强行捆在一起，弄得像士兵列操一样整齐，这种呆板的对称，是袁宏道极为厌恶的。确实，插花来观赏本是休闲之事，但是整齐、严肃、庄重之类的格调，给予人们官衙阶前的树、墓门前的石柱华表之类的感觉，是相当不协调的。

古人曾经有真"花痴"者，听人们谈到有什么奇花异草，就算在深谷峻岭之中，也不辞劳苦，不畏难险，去寻了来，种在自己院中。不管是浓寒还是盛暑，一旦侍弄起花来，弄得"皮肤皱鳞，污垢如泥"，也在所不惜。真爱花的人，一旦看到花苞欲绽，就赶快带了被子枕头在花下睡卧，生怕错过了花开的情景。从花渐渐绽放，一直看到盛开，然后慢慢枯萎落地，这样的花痴之辈，在外人看来十分辛苦，但他们自己却乐在其中。

看花是一件清雅的事，也是一件与世无争的事情，《瓶史》中曾说："夫幽人韵士者，处于不争之地，而以一切让天下之人者也，唯夫山水、花竹，欲以让人，而人未必乐受，故居之也安，而踞之也无祸。"

江山美人，为此争抢而博命者多矣，然而没有听说过抢一株花而刀枪相见的，因为只有真正的爱花之人，才能自得其乐。这一种清幽之乐，宜心宜身。

宋朝王映修了一个类似四合院的宅子，种上各种花卉，春天有海棠，夏天有湖石荷花，秋天有秋芙蓉，冬天有梅花，一年四季都有花开放，于是得名为"四照亭"。而明代屠隆曾在文中写道："傍池桃树数株，三月红锦映水，如阿房、迷楼，万美人尽临妆境。"

▲ 清　陈枚《月曼清游图·庭院观花》

　　是啊，如果有一个大园子，在里面种满繁花，东风里花开烂漫，着眼生春，又是何等令人心喜！何必千箱黄金堆北斗，但得万树桃花绕小楼，亦足矣。

🌸 临池观书

古人提笔写字，不仅仅是一种实用的技能，还上升到一种艺术的追求。就算是闲来无事，也要提起毛笔，铺上宣纸蜀笺，"挥毫落纸如云烟"，将心中的气韵倾泻于笔间。

笔下有横风疾雨，有长空游丝，有龙腾凤翥，有铁画银钩。方寸之间，黑白两色，却构成一个个令人赞叹的艺术世界。

有人赞叹书法是"无言的诗，无行的舞，无图的画，无声的乐"，确实，沉醉在书法艺术中，是一种心神俱醉的精神享受。

明代隐士陈继儒曾经说过收藏古人书法名帖的好处："裒访古帖，置之几上，其益有五：消永日，汰俗情，一益也；分别六书宗派，二益也；多识古文奇字，三益也；先贤风流韵态，如在笔端，且可以搜其遗行逸籍，交游宅墓，四益也；不必钩拓，日与聚首，如薰修法，自然得解，五益也。"

意思是说收藏古人的名品书法，有这样五种好处：一是可以消闷汰俗，从中获得美的享受和精神上的升华；二是可以在其中辨识象形、指事、会意、形声、转注、假借等造字的规律；三是可以多认识一些古代的古怪文字；四是能够从字里行间领略到古代先贤的风流气韵，能和远隔时空的古人进行精神交流；五是不用一点点地临摹，把字帖经常观看，就默然于心，自然就学到了古人书法中的神髓。

所以，在古人所谓的"琴棋书画"中，围棋和书法这两种看似单调的黑白艺术，就占了一半。而这两种艺术，其清心涤虑的作用，也是相当有神效的。

李清照和赵明诚这一对艳羡千古的伉俪，对于古人法帖的喜爱，也是异乎常人的。赵明诚在青州为官时，偶然得了白居易的《楞严经》真迹，于是迫不及待地策马回家，与妻子李清照共赏。当时已是二更天，夫妻两人烹好名贵的小龙团（宋代的一种小茶饼，印有龙的花纹），然后在灯下展玩书帖，欣喜得几乎彻夜未眠，由此也可以看出书法艺术的巨大魅力。

魏武帝曹操，于乱世中称雄，却并非只是孔武有力的莽夫，他酷爱书法。

有一个叫梁鹄的人，本来是刘表的属下，但因为书法高妙，曹操对他另眼相看，加以重用。曹操把他的书法作品随身携带，出征时就悬于帐中，回府后就挂在居室的墙上，史称"太祖忘寝，观之丧目"，达到了如醉如痴的地步。

　　相比于曹孟德，我们的胆魄气度、地位财富当然远远不及他，但是在欣赏书法上，却有着他当年未能拥有的诸般条件。借助于现代的技术，我们可以随时看到书圣王羲之那"飘若游云，矫若惊龙"的绝妙行书，透着晋代的衣冠风流，萧散神韵；把酒品味怀素、张旭等人那龙蛇飞舞、惊沙飞草的狂放草书，有着醉里乾坤、睥睨万世的气魄；还有颜鲁公那法度森严的唐楷，有着雄浑壮美、高古苍劲的丈夫之貌；唐伯虎《落花诗册》的行楷，有着仕女簪花、端丽妩媚的婀娜之态……

▲　明　唐寅《落花诗册》（局部）

如果能真正地融入优美的书法作品中，真是可以神交古人，畅游天地，这感觉如坐春风，如饮醇醪。

明代著名学者王世贞曾说过："日扫一室，净几明窗，焚香燕坐。或诵古书，或咏古诗，或临古帖。兴到则消摇泉石间，鹤舞莺歌，不减孔稚珪、戴仲若。"

古人的法帖，是书房雅物中不可或缺的一件，虽然貌不起眼，但带来的乐趣丝毫不下于金石鼎彝、花鸟虫鱼之类。

《小窗幽记》中曾说："三月茶笋初肥，梅风未困；九月莼鲈正美，秫酒新香。胜友晴窗，出古人法书名画，焚香评赏，无过此时。"

当然，除了欣赏，用心临帖摹写，也是一乐。临帖时，因为精神贯注融汇到书法之中，所以也有屏除杂虑的效果。

明代程羽文曾在《清闲供》中说："弄笔仿古帖，倦即止。吟诵浮白，以王真气，亦是张颠草书被酒入圣时也。"就是讲的这个意境。而如果积攒了满满的书写冲动，突然有机会迸发出来时，就如《笑傲江湖》中的秃笔翁被令狐冲的剑势逼住，根本无法施展笔式，最后直接不打了，在壁上用葡萄酒写完那首《裴将军诗》一般。明代文人张大复就有这样的体会："病久废书，今日独坐息庵下，戏取粉板，作掌大数十字，如壮士囚缚，愈法愈野，不觉哑然自笑：吾书不减蝌蚪，当存之以俟识者。"

写字，能抒发心中的抑郁之气、不平之气、愤懑之气，是积攒在心中、被压抑着的情绪的一次宣泄。这样的书法，必为好字，同时也大大缓解了自身的精神压力。正如苏轼所说："仆醉后辄作草书十数行，觉酒气拂拂从十指间出也。"

元丰三年（1080 年）那个凄风苦雨中的春天，45 岁的苏轼被贬到黄州，

▼ 唐　张旭《古诗四帖》（局部）

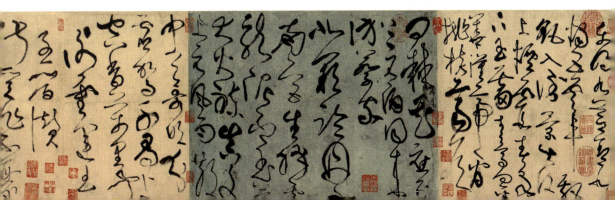

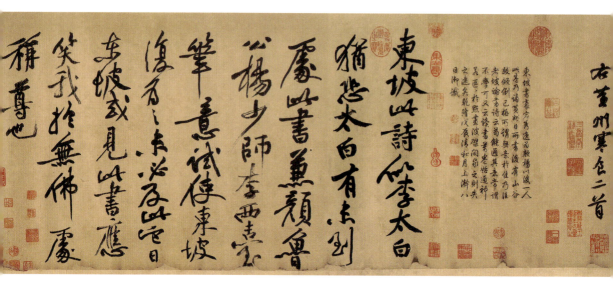

在郁闷惆怅之中，苏轼写下了著名的《寒食帖》。其笔势如锥画沙，如刀刻木，于笔画的点捺顿挫之间，错综了苍凉、悲愤，混合了孤傲、凄苦，交织着委屈、伤感。正是在这样的情绪下，才创造出了这有名的被米芾称作"天下第三行书"的法帖。当书法大家黄庭坚看到后，他感慨此帖之神妙，夸赞道："此书兼颜鲁公、杨少师、李西台笔意，试使东坡复为之，未必及此。"也就是说，如果苏轼没有了当时的心境，让他自己再重新写一遍的话，未必有这么好。

可想，苏轼这幅字，不但将心中的抑郁孤愤之气，一下子给抒发出来，同时也创作了一幅书坛神品。

"扬州八怪"之一的汪士慎，无妻无子，年老后贫窘交加。他先是一只眼慢慢盲了，于是刻了两方印自嘲："左盲生""尚留一目看花梢"。后来另一只眼睛也失明了。不过，他依旧以写字为乐，有一天忽有所感，心煎如沸，于是提笔在纸上写了几行大字，但是自己却看不到啊，也不知道写成什么样。

于是他连夜去找另一位名列"八怪"之一的金农去评赏，金农见到老友深

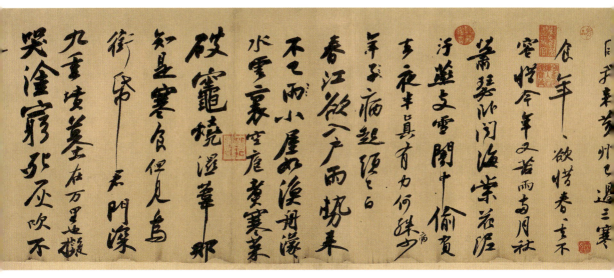

▲ 北宋 苏轼《寒食帖》

夜来访，目盲的他竟然拿过来一幅字，写得笔墨淋漓，有风樯阵马一般的气势，竟比他双目未盲时的作品更为古拙精妙。两位老人激动之余，忍不住相拥痛哭。这一幅字，凝结了多少人生的感慨，这一场大哭，哭得痛快，哭得舒畅，又倾泻了多少人间的苦辛！金农当即题诗道："黄犬吠客披衣迎，咄哉盲翁无世情。袖中大字大如斗，自言写时顿运肘。心光顿发空诸有……"

对一个文人来说，当年辛苦临池学来的技能，不仅是科举仕途上的敲门砖，也是可以取悦自己，相伴一生的爱好。

蔡澜曾出过一本书，叫作《蔡澜说书法：静下心来写写字》，推荐语说蔡澜把时间浪费在美好的事物上，除了美食、旅行，就是写作、书法、篆刻和发呆。写字真是花费不高且可以一生自修的、能够接近那个心向往之的自我的方式。愿你也能放下手边事，静下心来写写字。

古人早就说过："明窗净几，笔砚纸墨皆极精良，亦自是人生一乐。"

🌸 蹴鞠马球

蹴鞠，其实就是足球的前身。传说黄帝擒杀了蚩尤，把他的胃塞满毛发后缝起来当球踢。后来发展成用皮囊装上干草毛发之类的东西，互相踢着玩。

西汉时期，汉军因缺粮无法进军，只好驻守在荒漠中。霍去病见手下的士卒士气低落，有的泪汪汪地思念家乡，有的唉声叹气地抱怨苦寒难耐，日复一日的操练也让他们不胜其烦。霍去病觉得，光靠严厉的军令，虽能一时控制军队，但无法凝聚军心。于是他命匠人缝了一个皮球，让将士们在荒漠上平整土地，修出一个球场，然后挖两个小土坑，只要能踢到对方的土坑里，就算胜利，会奖以酒肉。这样一来，大伙儿的兴致顿时高了起来。将士们你追我赶，跑得满头大汗，一场球踢下来，真是痛快淋漓，什么思乡之苦、边塞之愁，全都丢在脑后了。而且，在这样日复一日的锻炼下，汉军将士们个个身强体壮，成为日后对抗匈奴的战斗中取胜的基础。

这个传统，一直到唐代也依然保留着。韦应物有诗："园林过新节，风花乱高阁。遥闻击鼓声，蹴鞠军中乐。"就是说的军营中的蹴鞠活动。

宋代时，蹴鞠也非常流行，众所周知，高俅就是因为擅长此道，才攀上太尉的高位。别说是东京这样的繁华城市，就是在乡村田野，也有不少"时髦"的少年以踢球为乐。刘克庄隐居乡间，已是垂垂老矣，见到这些"小鲜肉"们在踢球，技痒难耐，于是写诗道："蹴鞠鞋尖尘不涴，臂鹰袖窄样新裁。社中年少相容否，也待鲜衣染鬓来。"——小朋友们，能带我一起玩吗？我换件华丽的衣服，染了头发，也和你们一起玩。

蹴鞠到了宋代逐渐发展出一种花式玩法，像我们看《水浒传》中所描写的高俅的球技就是："高俅只得把平生本事都使出来，奉承端王。那身分模样，这气球一似鳔胶粘在身上的。"由此可见，在当时，踢球和杂耍一类的才艺差不多。

而唐代的马球，更为雄健大气。虽然宋代也有马球，但唐人勇武，骑术精良，马球打得更为精彩。这马球的玩法是人骑在马上，手持类似现在曲棍球球棍的马杆，击打地上的木球，因为不再用脚来踢球，所以可以用坚硬的木球，一般是中间镂空，并涂以彩色颜料。玩时，大伙儿分为两队，抢击这个马球，打入对方球门者胜。

当时的球场用掺杂了小石子、细砂石、稻草灰等材料的土铺成，用石碾压得如镜面般平整，又遍浇麻油，这样即便是天干不雨，也不起灰尘。

有唐一代，从皇帝到平民，上上下下都很热衷于这项运动。李隆基未当皇帝时，就十分热爱马球，还和吐蕃进行了一场对抗赛。当时吐蕃人要来迎娶唐中宗所许下的金城公主。在招待这些吐蕃"外宾"时，唐朝不但设下酒宴，还组织了一场马球友谊赛，一开始吐蕃队气势很盛，比分遥遥领先，中宗感觉大失面子，非常焦急。这时尚为临淄王的李隆基，带着长宁公主的驸马杨慎交、安乐公主的驸马武延秀上场把比分扳了回来，转败为胜。要说大唐的优秀男儿着实不赖，英姿雄发，为大唐赢回了颜面。

▲ 唐 章怀太子墓壁画《打马球图》

▲ 明 佚名《马球图》

后来李隆基当了皇帝，依然对打马球乐而不疲，在他晚年的一场马球赛中，其第六子荣王坠马，昏迷了许久才苏醒。伶官黄幡绰适时觐见，劝唐玄宗："大家（指皇帝）年几不为小，圣体又重，傥马力既极，以至颠踬，天下何望！"——皇帝已经不年轻了，体重也超标，如果马有失蹄，造成伤害，那天下不就没了指望了？

▲ 南宋（传）佚名《明皇击球图》（局部）

马球确实是一件比较危险、容易受伤的运动，古人也没有头盔护具什么的，所以很容易在运动中受伤，乃至死亡。韩愈曾经劝上司张建封不要沉迷于打马球，说："小者伤面目，大者残形躯。"——轻者打到脸、伤到眼，重者摔下马来，成为残废。这都是有活生生的例子的，唐宣宗时金吾将军周宝就因为打马球成了独眼龙；成德节度使李宝臣的弟弟李宝正跟魏博节度使田承嗣的儿子田维打马球，李宝正的马突然受惊，将田维撞死，由此两家藩镇结下深仇大恨；萧太后的老情人韩德让打马球时，被契丹贵族胡里室撞下马来，萧太后立刻翻脸大怒，将胡里室当场斩首。

虽然马球的危险性如此之高，但还是不能抵消马球游戏所带来的精彩刺激。有唐一代，热爱马球的皇帝实在太多了，唐穆宗、唐敬宗都是有名的昏君，史载他们终日沉溺于马球游戏之中，也算常情。虽然唐宣宗号称"小太宗"，比较有作为，但马球照打不误，他还是一个球场高手，"每持鞠杖，乘势奔跃，运鞠于空中，连击至数百，而马驰不止，迅若流电，二军老手咸服其能"，应该达到了职业水准。而"大玩家"唐僖宗更是对人说过，如果打马球也像科举一样有考试的话，自己一定是状元。

在唐代，上行下效，不但骑马上阵的武夫们十分热爱马球，就连文人们也很热衷。据《唐摭言》卷三《慈恩寺题名游赏赋咏杂记》记载，晚唐进士们及第之时，除了欢宴庆贺，还要打一场马球娱乐一下。乾符四年（877年），同科进士按旧例相约到月灯阁打马球。到地方一看，球场已经被人捷足先登了，打球者是皇家禁军——左右神策军军将，他们兴致正浓，而且根本没把这些文化人瞧在眼里，丝毫没有让出球场的意思。这边进士们都已穿戴齐整，自然不愿扫兴离去，于是勉强留在场边，以示并不相让。这时，有个叫刘覃的新科进士，对其他人说道："我去为诸位挫挫他们的锐气，让他们自行离开，你们看怎么样？"新科状元带头称好，大家也一致赞成。

于是刘覃"跨马执杖，跃而揖之曰：'新进士刘覃拟陪奉，可乎？'"——我是新进士刘覃，陪诸位玩一会，可以吗？

那些军将开始抱着戏弄一下这个书生的心态，但随即他们就蔫了，只见这个刘覃"驰骤击拂，风驱电逝"，"俄策得球子，向空磔之，莫知所在"，这个书生不但动作飞快，而且控球极佳，线路奇特，这些魁梧军将都不是对手，于是军将在新科进士的嘲笑声中，灰溜溜地走了。由此可见，唐代的读书人，也是德智体全面发展的，并非手无缚鸡之力的迂腐书生。

在唐代，不但书生们擅长马球，就连女子也能在球场上一展风采。故宫里现藏有一面唐代铜镜，镜边的装饰图样，正是四名女子骑马打球的英姿，可见在当时，女子马球运动也是很常见的。

▲ 明　杜堇《宫中图》（局部）

五代诗人和凝写道："两番供奉打球时，鸾凤分厢锦绣衣。虎骤龙腾宫殿响，骅骝争趁一星飞。"花蕊夫人也有诗："自教宫娥学打毬，玉鞍初跨柳腰柔。上棚知是官家认，遍遍长赢第一筹。"

当然，由于男女体力的差异，马球这种难于驾驭的高难度游戏，对于这些女娇娥们来说还是难了点，正如花蕊夫人诗中所说："殿前宫女总纤腰，初学乘骑怯又娇。上得马来才欲走，几回抛鞚抱鞍桥。"所以为了降低难度，先是将马换成驴，后来又干脆"白打"，或称步打，即徒步进行的步打球。

在地上跑着打，虽然远不如骑马那样场面激烈，但好处也是不少的，一是安全，减少了冲撞坠马带来的风险；二是所需场地小，在一些开阔的庭院也可以玩；三是不必备马，因此没有马匹者或骑术欠佳者也可以来玩。

按现代的科学研究，运动可以让大脑分泌多巴胺和内啡肽，这两种物质可以令人处于轻松愉悦的状态中。所以，打球给人带来的快乐，是自古以来就为人们所欢喜的。

在现代社会，球类运动更加丰富多彩，足球、排球、篮球、网球、羽毛球、乒乓球、高尔夫球、棒球……实在是太多了，从这一点上来说，我们要比古人更有条件在玩球中得到快乐，所以别一直抱着手机刷屏了，去打球，痛快淋漓地出一身大汗。

我们知道，世上的很多快乐，都是以损害人体健康为代价的。且不说沉溺酒色、抽烟吸毒之类，甚至胡吃海喝就能让你体重超标，追剧、刷短视频也能让你视力受损，而体育运动是既能让你觉得快乐又对身体有益的事情。球类运动游戏，富有对抗性，既能让人感到快乐，又能强身健体，何乐而不为？

🌸 秋千斗草

诸如蹴鞠、马球、打猎之类十分彪悍的体育运动，虽然唐朝女子偶有参与，但是后世中的红颜美人越来越少进行此类活动。

不过，在春天盛行的娱乐方式中，女子也有独享的专利，那就是秋千和斗草这两种游戏。

秋千，又名鞦韆，历史相当悠久，起源于春秋时期，唐宋以后逐渐演化成了女子和孩童的游戏活动了。

女子身着盛装，将秋千荡起很高，人在空中，衣带飘飘，恍若天上的仙女下凡一般，所以又叫半仙之戏。正如这首唐诗中描绘的情景："画阁盈盈出半天，依稀云里见鞦韆。来疑神女从云下，去似恒娥到月边。"

我们看电影《妖猫传》中，杨贵妃就是荡着秋千出场的，不少人感慨道："看《妖猫传》被杨玉环荡秋千美到。"这个在盛宴前荡秋千的桥段，确实是有史可据的。

后来唐玄宗遭遇了安史之乱，在亡命的路上，遇上了寒食节，他写诗说："公子途中妨蹴鞠，佳人马上废秋千。"遗憾男子玩不成踢球游戏了，女子也荡不了秋千了，岁月静好的幸福时光，都被这场大动乱给搅扰了，由此可见当时人们对打秋千是多么的看重！

中唐诗人王建有一首《秋千词》，生动地描绘出唐朝人打秋千时的热闹情景：

> 长长丝绳紫复碧，袅袅横枝高百尺。
> 少年儿女重秋千，盘巾结带分两边。
> 身轻裙薄易生力，双手向空如鸟翼。
> 下来立定重系衣，复畏斜风高不得。
> 傍人送上那足贵，终赌鸣珰斗自起。
> 回回若与高树齐，头上宝钗从堕地。
> 眼前争胜难为休，足踏平地看始愁。

从诗中我们可以知道，打秋千一样可以赌胜负的，诗中的女子就赌上了自己的首饰（鸣珰）。而真正的秋千高手是不需要别人帮忙推动的，她们的技艺很高，能将秋千荡得和高高的树头一般齐，但同伴实力也很强，姑娘觉得自己也难说有把握赢，所以下了秋千后，心中忧虑——"足踏平地看始愁"。

而刘禹锡诗中写的小姑娘们荡秋千时，没有赌什么物品，心情就轻松多了，你看她们"双鬟梳顶髻，两面绣裙花""秋千争次第，牵拽彩绳斜"，玩得好不开心。

在唐朝诗人的笔下，秋千和蹴鞠是寒食节的娱乐"标配"，王维的《寒食城东即事》中写道："蹴鞠屡过飞鸟上，秋千竞出垂杨里。"杜甫也有诗："十年蹴鞠将雏远，万里秋千习俗同。"

晚唐诗人韩偓有一首绝句，写秋千少女的娇羞之态："秋千打困解罗裙，指点醍醐索一尊。见客入来和笑走，手搓梅子映中门。"李清照那首"和羞走，倚门回首，却把青梅嗅"就是脱胎于此。

时至北宋末年，秋千依旧是女人们热衷的游戏，《金瓶梅》中曾有生动的描写：

先是吴月娘花园中，扎了一架秋千。这日见西门庆不在家，闲中率众姊妹游戏，以消春困。先是月娘与孟玉楼打了一回，下来教李娇儿和潘金莲打。李娇儿辞说身体沉重，打不的，却教李瓶儿和金莲打。打了一回，玉楼便叫："六姐过来，我和你两个打个立秋千。"吩咐："休要笑。"当下两个玉手挽定彩绳，将身立于画板之上。月娘却教蕙莲、春梅两个相送。已是：

红粉面对红粉面，玉酥肩并玉酥肩。

两双玉腕挽复挽，四只金莲颠倒颠。

那金莲在上面笑成一块。月娘道："六姐你在上头笑不打紧，只怕一时滑倒，不是耍处。"说着，不想那画板滑，又是高底鞋，趷不牢，只听得滑浪一声把金莲擦下来，早是扶住架子不曾跌着，险些没把玉楼也拖下来。

确实春梅和西门大姐两个打了一回。然后，教玉箫和蕙莲两个打立秋千。这蕙莲手挽彩绳，身子站的直屡屡的，脚趷定下边画板，也不用人推送，那秋千飞在半天云里，然后忽地飞将下来，端的却是飞仙一般，甚可人爱。月娘看见，对玉楼、李瓶儿说："你看媳妇子，他倒会打。"这里月娘众人打秋千不题。

书中描写清明将至，女子们在家中以打秋千为乐。坐在上面荡来荡去，根本不算本事，所以胆子大点的孟玉楼和潘金莲就站着荡秋千，但是她们两人技

术还不算高明，还得让两个婢仆推送才能荡起来，而身为仆妇的宋蕙莲就不一样了，她应该颇有运动天赋，不用别人推送，就能荡起半天高，让西门庆的妻妾们夸赞羡慕。

如果我们穿越到古代，时值花明柳暗的春日，我们会发现很多这样的情景：

烟柳飞轻絮，风榆落小钱。濛濛百花里，罗绮竞秋千。

——张仲素《春游曲》

满街杨柳绿丝烟，画出清明二月天。

好是隔帘花树动，女郎撩乱送秋千。

——韦庄《丙辰年鄜州遇寒食城外醉吟七言五首》

春日里适合女子和孩童的游戏，还有斗草。我们先来看白居易的一首诗，名为《观儿戏》，其中写道："髫龀七八岁，绮纨三四儿。弄尘复斗草，尽日乐嬉嬉。"说的是三四个富家小儿，七八岁的样子，在那里玩土斗草，终日笑嘻嘻地乐个不停。

玩土好理解，斗草是怎么样的玩法呢？

斗草之斗，也有文斗和武斗一说。儿童们玩的，基本都是武斗，各自采来一些有韧性的草，然后相互交叉成"十"字状，互相勒扯，谁的草断了，谁就算输了，这种玩法简单粗暴，故称"武斗"。

▼ 清 金廷标《群婴斗草图》（局部）

由于唐代距今太过久远，没有太多的图画资料留存，但我们可以从清代金廷标画的《群婴斗草图》中看到这一情景，在湖石树荫花丛之间，一大群孩童采了满筐的花草，在那里斗草玩，地上有一摊给扯碎了的草茎。

从这个局部图上，能清楚地看出斗草时的细节，左边穿绿衣服的孩童应该是占了上风，他伸出手指，一派气势汹汹的样子，而右边的孩童在篮子里掏摸，显然是剩下的草已经为数不多了，中间穿蓝色衣服的孩童应该是看热闹的，他举起双手，看得十分激动。

孩童们的"武斗"，成人会觉得十分幼稚。所以少女少妇们玩的，多是"文斗"，相对要文雅多了，她们是以采来花草的珍稀性，再加上以花草名来玩对仗的游戏来争胜。读过《红楼梦》一书的朋友们，想必对书中香菱斗草的情节有一些印象，书中写道：

……大家采了些花草来兜着，坐在花草堆中斗草。这一个说："我有观音柳。"那一个说："我有罗汉松。"那一个又说："我有君子竹。"这一个又说："我有美人蕉。"这个又说："我有星星翠。"那个又说："我有月月红。"这个又说："我有《牡丹亭》上的牡丹花。"那个又说："我有《琵琶记》里的枇杷果。"豆官便说："我有姐妹花。"众人没了，香菱便说："我有夫妻蕙。"

我们看"观音柳"对"罗汉松"，"君子竹"对"美人蕉"，"星星翠"对"月月红"，"《牡丹亭》上的牡丹花"对"《琵琶记》里的枇杷果"，"姐妹花"对"夫妻蕙"，都是非常工整的对仗词。

不过《红楼梦》中的玩法，一贯是走高端精致的路线，有些脱离群众，我们从《镜花缘》第七十六回中，可以看出些端倪，这里写着：

陈淑媛道："妹子刚才斗草，屡次大负，已要另出奇兵，不想姐姐走来忽然止住，有何见教？"

紫芝道："这斗草之戏，虽是我们闺阁一件韵事，但今日姐妹如许之多，必须脱了旧套，另出新奇斗法，才觉有趣。"

窦耕烟道："能脱旧套，那敢妙了。何不就请姐姐发个号令？"

紫芝道："若依妹子斗法，不在草之多寡，并且也不折草。况此地药苗都是数千里外移来的，甚至还有外国之种，若一齐乱折，亦甚可惜。莫若大家随便说一花草名或果木名，依着字面对去，倒觉生动。"

毕全贞道："不知怎样对法？请姐姐说个样子。"

紫芝道："古人有一对句对得最好：'风吹不响铃儿草，雨打无声鼓子花。'假如耕姐姐说了'铃儿草'，有人对了'鼓子花'，字面合式，并无牵强。接着再说一个或写出亦可。如此对法，比旧日斗草岂不好玩？"

从这里可以看出，普通人玩的"旧套"，就是以采来的花草多寡和珍稀性论胜负，而《红楼梦》中那种玩对仗的，已经是高雅的小众游戏了。如果像文中紫芝姐姐说的那样，为了环保不再折花草，完全空口说对，就成了纯拼知识库了，让斗草从体力活动变成纯脑力游戏了。

唐人健壮好动，当时女子也不裹小脚，唐朝"乘风破浪的姐姐们"个个骑得了马，打得了猎，自然不会玩纯脑力的游戏，我觉得她们的斗草还是属于"旧套"这一类。我们从一些唐朝的记载中也能看出这一点，王建的《宫词》里写过一个聪明的宫女，她采得一种叫"郁金芽"的植物，悄悄藏好，要留到大家把手中的花草出得差不多时，再一举取胜，正所谓"水中芹叶土中花，拾得还将避众家，总待别人般数尽，袖中拈出郁金芽"。由此可见，当时斗草是以花草的数量和珍稀性论胜负的。一般的草，大家"你有我有全都有啊"，唯有一些稀罕物才能压倒群芳。

也正因为如此，骄横惯了的安乐公主，才不惜毁坏文物，来赢得斗草的比赛。有一年的端午节，妃子、公主们约好了斗草赌胜，安乐公主虽然搜罗了各种奇花异草，但想到诸如长宁公主、上官婉儿，也一定派人采集了大量的稀罕花草，自己未必有什么把握取胜。况且这些人都是皇家贵妇，就算是高原雪莲什么的，也有本事让人取来，那什么是世上独一无二的呢？

安乐公主动了歪脑筋，她听说广州祇洹寺维摩诘像十分独特，这尊塑像是用了真人的胡须，而且这胡须的主人是大名鼎鼎的山水派诗人谢灵运。谢灵运是刘宋时人，他有"美髯公"之称，是南朝重要的佛学家，一生信佛。公元433年，谢灵运因谋反罪被处以死刑，临死前他剪掉自己的长须捐给了祇洹寺，用于给维摩诘造像贴须。祇洹寺的和尚对谢灵运的胡须十分珍爱，到唐朝时，已经保存了270多年，就相当于我们现在看乾隆年间物品的感觉。

安乐公主为了斗草得胜，马上派人骑快马到广州祇洹寺，将佛像上的谢灵运的胡须揪下来一撮，为了防止其他妃嫔公主们也来采取，安乐公主还吩咐把剩下的胡须全部毁掉。广州祇洹寺的僧人们虽然痛心疾首，但敢怒不敢言，不

敢违抗皇家的旨意。

安乐公主亵渎神佛，毁损文物，得到的这件东西倒是独一无二。古人的胡须很难取得（刨坟这事正常人做不来），而谢灵运的胡须更是无法再找来，不过胡须能算花草吗？斗草难道不是只限花草吗？这个历史上没有记载，也许以安乐公主的蛮横性格，她说是就是，别人也不敢辩驳。就像民国时有些军阀打牌时一样，盒子炮往桌子上一摔，他说点大就点大赢，他说点小就点小赢，谁敢不从？

安乐公主斗草的赌注是什么呢？历史上对此没有记载，但估计价值不菲，李白《清平乐》中说："禁庭春昼，莺羽披新绣。百草巧求花下斗，只赌珠玑满斗。"宫廷中寻常的一次小比赛，就要赌"珠玑满斗"，何况是这种让安乐公主花费了很多心思的大型斗草？

民间的女子，斗草时往往也加点赌注，增加一些刺激性，她们身上经常戴着的值钱东西中，最常见的就是发钗、耳环之类的首饰了。唐朝郑谷有诗："晓陌携笼去，桑林路隔淮。何如斗百草，赌取凤凰钗。"就是此情此景的写照。

◀ 明 陈洪绶《斗草图》

明代陈洪绶的《斗草图》中所描绘的不像上面那些孩童们斗草时的情景，没有满地的花草碎屑，看来是属于女子们的"文斗"模式。

女子们天性活泼，对斗草这类游戏乐此不疲，唐人崔颢（就是《黄鹤楼》的作者）有诗说："十五嫁王昌，盈盈入画堂。自矜年最少，复倚婿为郎。舞爱前溪绿，歌怜子夜长。闲来斗百草，度日不成妆。"这个女孩年仅十五岁，嫁了人后还是活泼爱玩，终日忙于斗草，以至于连化妆打扮都省了。

古时对女子的要求是"女有四行，一曰妇德，二曰妇言，三曰妇容，四曰妇功"。打扮得整整齐齐，可是一项任务。如今为了玩斗草，连这事都忘了，由此可见斗草的魅力有多大！

最后让我们从敦煌古卷里的四首《斗百草辞》中，感受一下当年唐朝女子的快乐吧：

建寺祈长生，花林摘浮郎。

有情离合花，无风独摇草。

喜去喜去觅草，色数莫令少。

佳丽重名城，簪花竞斗新。

不怕西山白，惟须东海平。

喜去喜去觅草，觉走斗花先。

▲ 明 仇英《人物故事图册·捉柳花图》（局部）

望春希长乐，南楼对百花。

但看结李草，何时染缬花。

喜去喜去觅草，斗罢且归家。

庭前一株花，芬芳独自好。

欲摘问旁人，两两相捻笑。

喜去喜去觅草。灼灼其花报。

055

夏日来临，桐阴转浓，白昼渐长。时间仿佛一下子变得悠长起来，心情也变得安稳，没有春风里的浮躁，没有秋雨里的悲凉，没有冬雪里的枯寂，一切似乎都是那样的从容不迫，平静坦然。蝉鸣树间，绿满天涯，这个时节，最宜闲庭弈棋，浮瓜沉李；最宜竹篁鸣琴，荷塘泛舟，或者在瓜棚中听雨说鬼，一枕黑甜。

有道是『人皆苦炎热，我爱夏日长』，炎炎夏日中，也有其他时节不可得的快乐。

贰

长夏

端午佳辰

看到"端午佳辰"这个题目，恐怕有些朋友会提出质疑：传统的端午节不是有"恶日"之称吗？不是端午节只能说安康，不能说快乐吗？怎么你还把它列为赏心乐事之一呢？

其实这样的理解是有失偏颇的，最近网上有一些所谓国学专家打着传统文化的旗号，吓唬人说："端午节是一个祭祀、悲壮的日子，不宜说快乐。端午节的起源，跟屈原投江是分不开的，也正因如此，端午节就和纪念、忧伤等字眼联系在了一起。据史料记载，端午这一天，忠臣伍子胥投钱塘江，孝女曹娥救父投曹娥江，大文豪屈原投汨罗江。在很多人看来，端午节是祭日，便不能太过于欢庆，因此互道快乐，显得很不合时宜。"

其实，哪有这么刁钻苛刻的规定，端午佳辰也是北宋李之仪说过的："小雨湿黄昏。重午（即端午）佳辰独掩门。"

在端午节，悲悲切切地哀悼屈原的不是没有，但大多数古人还是相当开心的。像南宋曹勋说"五云开，过夜来、初收几阵梅雨。画罗携芳扇，正喜逢重午。"欧阳修也说："五月榴花妖艳烘。绿杨带雨垂垂重。五色新丝缠角粽。金盘送。生绡画扇盘双凤。"哪有一点悲伤的意思？

正如欧阳修所写，端午节一大乐事就是吃粽子，古时不同于现在，我们如果想吃粽子的话，恐怕无论春夏秋冬都可以尝得到，但是古人就不同了，没有现代社会发达的制造业，没有四通八达而快捷的物流系统和先进的冷藏设备，吃粽子基本上也就是一年一度的事儿，所以这粽子吃起来就格外的香甜。

"彩缕碧筠粽，香粳白玉团。"这是唐代诗人元稹笔下的粽子，虽然古时没有现代发达的科技，但我觉得古人做粽子的本领也不会太差，袁枚的《随园食单》中记载过扬州洪府粽子，他说："洪府制粽，取顶高糯米，拣其完善长白者，去其半颗散碎者，淘之极熟，用大箬叶裹之，中放好火腿一大块，封锅闷煨一日一夜，柴薪不断，食之滑腻温柔，肉与米化。"

　　裹粽子一般采用新鲜的芦叶，古时虽然食材没有现代丰富，但也有不少的花样，什么赤豆、蚕豆、红枣、火腿、蟹黄、鲜肉等，都想方设法地裹在这里面，形状上也争奇斗新，什么三角形的、斧头状的、小脚式的、元宝样的，再缠上五彩的丝纸，看上去就令人欢喜。

　　宋人戴复古《扬州端午呈赵帅》绝句云："榴花角黍斗时新，今日谁家不酒樽。""扬州八怪"之一的郑板桥说得更是贴近百姓的心思："端阳节，正为嘴头忙，香粽剥开三面绿，浓茶斟得一杯黄，两碟白洋糖。"

　　当然了，端午佳节也不能光吃粽子，有条件的人家，都要多做几样菜，置办一桌享用，像郑板桥那一组词中还写道："端阳节，点缀十红佳。萝卜枇杷咸鸭蛋，虾儿苋菜石榴花，火腿说金华。"所谓"十红"，是扬州当地的习俗，实为"十二红"，指十二样菜色发红的酒肴，一般是咸鸭蛋、煮黄鱼、粉皮拌黄瓜、炒虾子、炒红苋菜、烧子鹅、杨花萝卜（小水萝卜）、樱桃、枇杷、红杏、干菜烧肉、炒长鱼、红烧扒蹄、火腿、香肠等等，象征着红火吉庆。

　　端午节另一件乐事，就是观看赛龙舟了。古代没有现在这样丰富多彩的体育赛事，而龙舟竞渡，应该说是古时难得一见的热闹赛事了。

　　当然，由于地域的限制，龙舟竞渡盛行于南方，当刘禹锡被贬到南方的朗州（今湖南常德），看到赛龙舟的场景后，激动地写下："杨桴击节雷阗阗，乱流齐进声轰然。蛟龙得雨鬐鬣动，蟂螭饮河形影联。刺史临流褰翠帏，揭竿命爵分雄雌……"

　　宋代人黄裳也有《减字木兰花》一词："红旗高举，飞出深深杨柳渚。鼓击春雷，直破烟波远远回。欢声震地，惊退万人争战气。金碧楼西，衔得锦标第一归。"写得更加地醒豁、生动。

　　每逢龙舟竞渡之时，也是一场难得的全民狂欢，看彩旗招展，欢声雷动，大家聚集在芳草萋萋、绿柳垂波的河边，给那些矫健的水手们喝彩加油，这是古时难得一见的激情赛事。

　　除此之外，还有一件乐事，那就是"浴兰"，即用兰汤沐浴。《荆楚岁时记》曾说："五月五日，谓之浴兰节。"众所周知，兰草芳香怡人，采兰叶煮汤而浴，自是清爽身心。庾信有诗："沐蕙气浴兰汤。匏器洁水泉香"，正是说的此情此景。

但兰草属于稀缺性的物品，不是何时何地都有，古人便以艾、蒲一类的野草代替。《五杂俎》云："兰汤不可得，则以午时取五色草沸而浴之。"比如有的地方就将菖蒲、艾草、桃、柳等植物的叶子捣汁或直接入水煎汤，其实效果也不错。

我们下一篇中还会讲到，古人由于生活条件远不如现代人，其实连沐浴都是一种奢侈，很多时候没有条件痛痛快快地洗个热水澡。而端午节的习俗，给了人们这样一个"福利"。

"轻汗微微透碧纨，明朝端午浴芳兰，流香涨腻满晴川。彩线轻缠红玉臂，小符斜挂绿云鬟，佳人相见一千年。"

　　这是苏轼笔下的佳人浴兰的情景：美丽的佳人兰汤新浴之后，用五彩的丝线缠绕雪白的玉臂，避邪的小符斜挂在如云的发鬓之上。她的心情，正如这盛夏的季节一样，充满着对生活的热情和渴望。

　　如果我们能穿越到古代，年年的端午节都应该是我们期盼着的一个好日子，正如南宋的状元郎张孝祥词中所说："萱草榴花，画堂永书风清暑。麝团菰黍。助泛菖蒲醑。兵辟神符，命续同心缕。宜欢聚。绮筵歌舞。岁岁酬端午。"

　　是啊，"宜欢聚。绮筵歌舞。岁岁酬端午"，让我们举起盛满菖蒲美酒的酒杯，吃着玉盘中香甜的粽子，伴着兰汤新浴之后，眉黛胜萱草，红裙妒榴花的绝色佳人，看彩旗招展、龙舟竞渡，不亦乐哉！

▼　清　佚名《闹龙舟》（局部）

李昭道龍舟競渡

▶ 唐 李昭道《龙舟竞渡图》

彩毫揮動染臣蔓相差
香室繁更細瑞柳芝蘭又
生千大年夢園望盡秋
天游作召瑞圖穎州
　　　完庵劉珏

元　陸廣《五瑞圖》

🌿 晚凉新浴

　　现在的一些古装剧中，往往人物众多，即便是江湖市井之徒，也个个一身新衣，打扮得整洁干净，仿佛处于水晶世界、琉璃乾坤。其实，真实的古人哪有那么多的条件来注重个人卫生，王猛扪虱谈天下，王安石在朝堂上面见皇帝时，竟然有虱子从胡子爬到脸上，都足以证明古人的邋遢。

　　当然，上述的例子属于那些不喜欢讲卫生的，但古人洗浴条件不如现代，确实是麻烦，所以连白居易也是"经年不沐浴，尘垢满肌肤。今朝一澡濯，衰瘦颇有余"。看到这里，你恐怕无法想象，这竟然是一个杭州太守，而不是收破烂的老头儿。

　　其实，白居易并不像王安石那样不喜欢洗澡。洗过澡后，白居易是十分惬意的："形适外无恙，心恬内无忧。夜来新沐浴，肌发舒且柔。宽裁夹乌帽，厚絮长白裘。袞温裹我足，帽暖覆我头。先进酒一杯，次举粥一瓯。半酣半饱时，四体春悠悠。"

　　但是，因为古代取水非常困难，水都是从远处的井中或者河里挑来，洗澡需要大量的水，而且把这么多的水烧开，也需要花费很多的人力和物力，所以古人洗浴，也是一件奢侈的事情。

宋　佚名《浴婴仕女图》

华清出浴

清　康涛　《华清出浴图》

古人把一天洗很多遍澡的何佟之称为"水淫"。还有苏轼的舅子蒲传正，因酷爱洗澡，也被人讥为"奉养过度"，就是享受太过的意思。他一天中有"大洗面、小洗面、大濯足、小濯足、大澡浴、小澡浴"等各种名目，其实放在现在，每天洗几遍脸，冲几回澡，又算得了什么"怪癖"呢？但是在古代花费很多人力和物力的情况下，老蒲一天到晚如此频繁地洗脸洗脚洗澡，却让仆人们苦不堪言，据载："小洗面，一易汤，用二人，颓面而已；大洗面，三易汤，用五人，肩颈及焉；小濯足，一易汤，用二人，踵跗而已；大濯足，三易汤，用四人，膝股及焉；小澡浴，则汤用三斛，人用五六。大澡浴，汤用五斛，人用八九。"

从上面看，老蒲洗一次大澡，要八九个人侍候，水要用五斛，合现在200～300多升水，足有十几桶纯净水的量，看来是要注满一个大浴池，无怪乎下人们叫苦，遭众人讥讽。不过大澡老蒲也不是天天洗，而是"间一小浴，又间日一大浴"，隔一天小澡浴一次，再隔一天才洗一次大澡。

古人由于物质条件所限，在今天看来很正常不过的事，在当时却是一种过分的奢侈，比如米芾"好洁成癖，至不与人共巾器"——不和别人共用脸盆毛巾之类的，这不是很正常的卫生习惯吗？但在古代就成了出格的事儿了。其实就连笔者小时候（20世纪70年代）所在的北方，洗澡也远不如现在这样方便，也是一两个月，甚至好几个月才洗一次澡。每次洗澡时，澡堂里都挤满了人，气味难闻，环境嘈杂，甚至还有为了抢淋浴头发生争执，就在澡堂里光着屁股打架的。

所以，很多古人，都把洗澡当成一件特别享受的事。所以也有很多的诗人，在沐浴之后，欣然命笔，比如南宋末年的爱国诗人舒岳祥就写有《春日新浴》这么一首诗：

　　　白发羡青阳，新年试新浴。小窗洁而明，板阁密以燠。
　　　帘垂风绝隙，汤暖云升屋。探手酌温凉，微微浇背腹。
　　　上盆颒吾面，下盆濯吾足。初如马释鞯，渐觉蝉蜕壳。
　　　周决更融怡，味如书熟读。澡身当去尘，洗心当脱俗。
　　　湛然清净源，不遣生恶浊。振衣聊出门，篝烟度修竹。

　　舒岳祥这首诗，并没有太多的蕴藉风流之情致，而是十分详细地描绘了宋代人洗澡的情景。在一个用板材隔就的密闭浴室中，热气腾腾，犹如云生屋内。诗人用手探了凉热之后，开始往身上浇，从诗中看，他是用了两个盆，上盆洗头洗脸，下盆用来洗脚。看来古人也是讲究的，不像现在有个段子：某同学寝室有一奇葩室友，洗头洗澡洗脚都用一块毛巾，有人劝他，他说："都是自己的肉，还分个什么高低贵贱！"

　　我们看老舒诗中这热水澡洗得真是痛快，犹如马脱了笼头，蝉蜕了躯壳一样。由此可知，他身上的老泥也不少，要不然怎么会有金蝉脱壳的感觉呢？他洗得浑身冒汗，周身通泰，有读书百遍，熟通了其中道理一般的体验。然后，他发了一番感慨，将洗澡提升到澡身浴德的高度，说洗去身上的泥垢之后，还要洗掉心中的尘念，这样才能尽除恶浊，然后振衣出门，穿行于竹林之中。那感觉，怎一个爽字了得！

　　佛家中非常注意沐浴卫生之道，寺院里多建有澡堂，我们看《水浒传》中，鲁智深不愿看守菜园，上来就要当监寺这样的"高管人员"，知客僧劝他："假如师兄你管了一年菜园好，便升你做个塔头；又管了一年好，升你做个浴主；又一年好，才做监寺。"

　　我们看主管澡堂的浴主，地位是远高于看菜园的菜头和管塔的塔头的，《佛说温室洗浴众僧经》云："澡浴之法，常用七物除去七病，得七福报。何谓七物？一者然火，二者净水，三者澡豆，四者苏膏，五者淳灰，六者杨枝，七者内衣。此是澡浴之法。何谓除去七病？一者四大安隐，二者除风病，三者除湿痹，四者除寒冰，五者除热气，六者除垢秽，七者身体轻便，眼目精明，是为除去众僧七病。如是供养，便得七福。何谓七福？一者四大无病，所生常安，勇武丁健，众所敬仰。二者所生清净，面目端正，尘水不着，为人所敬。三者身体常香，衣服洁净，见者欢喜，莫不恭敬。四者肌体濡泽，威光德大，莫不敬叹，独步无双。五者多饶人从，拂拭尘垢，自然受福，常识宿命。六者口齿香好，方白齐平，所说教令，莫不肃用。七者所生之处，自然衣裳光饰珍宝，见者悚息。"

这里讲了沐浴的种种好处，确实洗浴能治疗风湿、疮痈等疾病，而且能使心身舒泰。

前面说过，古人洗澡，条件远不及现代人，古时沐浴最好的条件，就是温泉了。白居易有诗："春寒赐浴华清池，温泉水滑洗凝脂。"洗温泉已经不比现代差了，只不过在古时，洗温泉的待遇，只有皇宫内眷之类才有资格享用。

一般人能够随意沐浴的时候，大多是在夏季。夏季之时，可以不必费柴烧水，甚至可以直接跳到河中洗个痛快。正如清人李渔曾说："盛暑之月，求乐事于黑甜之外，其惟沐浴乎？潮垢非此不除，浊污非此不净，炎蒸暑毒之气亦非此不解。"

古时没有空调，赤日炎炎似火烧之际，扇子的风也是热的。纳凉之法，无过于冲个凉水澡了。所以这"晚凉新浴"，实在可算作是人生一乐。苏轼有词："桐阴转午，晚凉新浴。"这里说的是美人儿，然一般士大夫也有此乐，明代何庆元有一首诗叫《新浴夜坐》写道："残暑浑无赖，炎炎赤日悬。裸宜新浴后，凉爱晚风前。"

是啊，在炎炎夏日的傍晚，痛痛快快地洗上一个澡，洗去浑身的污渍和汗渍，洗去一天的劳累，然后享受这一份凉爽，这是伴着休闲的快乐，整个的身心都得到了休憩。而如上面诗中所说那样"裸宜新浴后，凉爱晚风前"，裸身而卧，更是了无挂碍，得大自在。

▶ 清 顾见龙 《贵妃出浴图》

竹篁鸣琴

"独坐幽篁里，弹琴复长啸。深林人不知，明月来相照。"王维这首诗可谓人尽皆知，其清幽高雅之意境，令人神往。

琴棋书画，历来是风雅之事。明代屠隆曾说："琴为书室中雅乐，不可一日不对清音。"而四大雅趣之中，以琴为首，透露出古人对琴乐的重视。君子六艺中，"礼、乐、射、御、书、数"，乐的地位也是仅次于礼。

琴为心音，人们虽然语言各异，肤色不同，但音乐给予人们的感染是相同的。当钟子期听出伯牙的琴声中的巍巍高山和洋洋流水时，也听出了他内心中的情感和波澜，这就是知音。

刘禹锡有诗"静看蜂教诲，闲想鹤仪形。法酒调神气，清琴入性灵"，由此可见，琴在古人心目中，是一件陶冶情操的圣物。所谓"琴心剑胆"，如果心气如琴，那就是君子之气度了。

中国的古琴曲，大多数是从容淡雅的，符合清静之道、中庸之道，暗合儒道两家所推崇的雍容闲雅之感。所以对于怡心悦性，是很有帮助的。

有人总结过，弹奏古琴时的"十善"是："淡欲合古，取欲中矩。轻欲不浮，重欲不粗。拘欲有权，逸欲自然。力欲不觉，纵欲自若。缓欲不断，急欲不乱。"

所谓"善"，也就是最佳的状态，综合来看，就是一切都那么恬淡从容、敦厚平和、安闲自在。

所以古人最抵触和忌讳的弹琴模式就是坐不端正，容不整肃，眼睛乱瞟，耳朵乱听，手指污秽，调不靠谱，曲无始终。另外还要求：疾风甚雨时不弹，闹市中不弹，对俗子不弹，不坐不弹，不衣冠不弹，等等。不然的话，犹如牛嚼牡丹、对牛弹琴，虽没有焚琴煮鹤严重，但也是大伤风雅之事。

李白在《听蜀僧濬弹琴》诗中，有"客心洗流水"一句，看似平淡，其实却十分高妙，非懂琴韵之人不能真切体会。当我们心烦思乱之时，静下心来，奏一曲或听一曲琴乐，心中的烦恼和尘嚣就像被清清的河水濯洗过一样，变得澄静清洁、从容自在。

北宋　赵佶《听琴图》

▲ 明 蒋嵩《竹下抱琴》

古人讲究为人要有张有弛，张弛有度；做事要从心所欲，却并不逾距。感情的抒发要"乐而不淫，哀而不伤"，古琴曲极好地诠释了这个特点。

古人的琴曲有《幽兰操》，韩愈有诗道："兰之猗猗，扬扬其香。不采而佩，于兰何伤……"白居易也说："琴中古曲是幽兰，为我殷勤更弄看。欲得身心俱静好，自弹不及听人弹。"

兰草，向来是清洁幽雅的象征，它僻处山谷，不媚俗人，不慕荣华，就算是无人欣赏，也自顾自地吐露着芬芳，这和幽人逸士的志节是息息相通的。兰花的香气，也是幽幽淡淡，若有若无，不张扬，不霸道，正所谓"谦谦君子，温润如玉"，无怪乎范成大在《梅兰竹菊谱》中说古人称兰花为君子中之君子，有王者之风，有国士之美，有馨德之香。《幽兰操》之琴声，正是将这种情怀贯注其中了。

琴曲又有《梅花三弄》，梅花历来以风骨著称，与松竹号称为"岁寒三友"，有其他凡花俗卉不可企及的冰雪之姿，和高雅的琴韵很是相宜，正如明代人所著《伯牙心法》中所说："梅为花之最清，琴为声之最清，以最清之声写最清之物，宜其有凌霜音韵也。"

宋人张镃曾在《梅品》一书中，列举二十六种与梅花相宜的幽境雅物："淡云、晓日、薄寒、细雨、轻烟、佳月、夕阳、微雪、晚霞、珍禽、孤鹤、清溪、小桥、竹边、松下、明窗、疏篱、苍崖、绿苔、铜瓶、纸帐、林间吹笛、膝下横琴、石枰下棋、扫雪煎茶、美人淡妆簪戴。"

依我看，以上的景致，也是与素琴相宜的。但遇以上的清雅之景，取琴而弹，真令人心骨俱冷，体气欲仙。正所谓："月夜焚香，古桐三弄，便觉万虑都忘，妄想尽绝。试看香是何味，烟是何色，穿窗之白是何影，指下之余是何音？"

一代文豪欧阳修，晚年郁郁不得志，既老且病，于是陶醉琴书棋酒之间，所谓"吾家藏书一万卷，集录三代以来金石遗文一千卷，有琴一张，有棋一局，而常置酒一壶"，加上自己这一个老翁，是为"六一居士"。

欧阳修一生爱琴，也从琴上得益良多，他一度精神抑郁，几乎成了心理疾病，但自从和友人孙道滋学琴后，渐渐痊愈。他感叹药石虽然也能治病，但是药三分毒，远不如琴声能从内心抒发郁结，扶正祛邪。五十岁时，欧阳修手指痉挛，无法握笔，但他坚持弹琴，以乐音治疗，竟然神奇地得以恢复。

他一生收藏有三大名琴，有石徽楼则琴、金徽张越琴、玉徽者雷氏琴。第一张楼则琴得于欧阳修做夷陵县令之时，这张琴以石为徽[①]，并不算太名贵，而欧阳修升为起居舍人得以亲近皇帝后，有人就送了他第二张琴，即金徽的张越琴。而更为名贵的玉徽雷氏琴，则是他升为翰林侍读学士、集贤殿修撰后得到的。由此可见，欧阳修官职越高，收藏的琴就越名贵。

▲ 唐　金银平文琴

---

① 徽：琴弦音位标志，可由玉、金、螺钿等制成，镶于琴面。古琴有十三个徽位。

但是，欧阳修却感叹道："官愈高，琴愈贵，而意愈不乐。"他说在夷陵当小县官时，虽然手中的琴很普通，但心中无事，情绪平和，更能从中得到乐趣。此后做了舍人、学士等高官，整天迎来送往，俗务杂人，纷盈堂前，再也没有了昔日的清思闲情。琴虽然名贵，但却并没有之前听琴时的愉悦感了。所以欧阳公说道："乃知在人不在器，若有以自适，无弦可也。"

陶渊明有诗："但识琴中趣，何劳弦上音。"陶渊明有一张无弦琴，看来心境到了一定的境界，真如无剑胜有剑，无弦处亦可听得妙音。

《小窗幽记》中曾说："窗前独榻频移，为亲夜月；壁上一琴常挂，时拂天风。"又说："山房置古琴一张，质虽非紫琼绿玉，响不在焦尾号钟，置之石床，快作数弄。"

我觉得，弹琴最好的时节是在夏季的明月之夜，于竹林之间，潭水之畔，夜风习习，鸟宿鱼潜。此时携琴独奏，可以达到是非俱谢、物我两忘的情境。

这正如白居易在《船夜援琴》诗中所描绘的情景：

鸟栖鱼不动，月照夜江深。身外都无事，舟中只有琴。

七弦为益友，两耳是知音。心静即声淡，其间无古今。

▲ 唐　周昉《调琴啜茗图》

🌿 闲庭弈棋

有道是"闹中取静"，而我觉得下围棋，则是静中取闹。分坐棋枰两侧，一杯清茶为伴，相约手谈，看似是相当安静的场景，但局中却是黑白分明、杀机四伏，有间不容发的紧迫，有险象环生的波澜。对局者不免心潮澎湃，意乱魂牵。

围棋，又称为"手谈"，两人虽然对局中不发一言，但却用无声的招数来表达自己的态度，无论是从容还是窘迫，高傲还是狼狈，都尽情地显露其中。其实在对局中，高手们不怕对手的嚣张和过分，更怕的是对手的淡泊和超脱。

相比于象棋，围棋更为优雅。高手对局，从未有人为了悔招而争夺棋子，因为围棋的变化往往精微奥妙，败因常常是在几十手前就种下了，相比于象棋直线式的杀伐，围棋的味道更为含蓄隽永。只不过对弈的时间消耗要大大多于象棋。

然而，对于时间充裕到奢侈的古人来说，围棋是一项极佳的消遣活动，白居易有诗："送春唯有酒，销日不过棋。"尤其在漫长的夏日里，打发时间是件难事。李清照词云"薄雾浓云愁永昼"，《红楼梦》中第一回，甄士隐开口也是："无聊的很……彼此俱可消此永昼。"夏日中这漫长的白昼，如果有弈

▲　五代　周文矩《明皇会棋图》

友来访，那就可谓是"忘忧清乐在枰棋"了，故而陆游也道："长日惟消一局棋。"

炎炎暑日，无处可游，无事可做，下一盘棋，实在是极好的精神享受。《红楼梦》中宝玉云"宝鼎茶闲烟尚绿，幽窗棋罢指犹凉"，就是指此中之乐。夏日翠竹林中，于石桌上纹枰论道，正是人生一乐啊。白居易有诗云："山僧对棋坐，局上竹阴清。映竹无人见，时闻下子声。"现代人虽然弈棋极为方便，但多是网上对弈，不复有竹下凉风，却多了些读秒声的催促。

▲ 五代　周文矩《重屏会棋图》

当然，也不能不说如今的好处，古代人约友对弈，是相当困难的事。要寻棋力相符，同时有时间，又在左近的棋友，可遇而不可求。故赵师秀诗云："黄梅时节家家雨，青草池塘处处蛙。有约不来过夜半，闲敲棋子落灯花。"

然而，有些事如果得来过于容易，快感就不会那么强烈。正如沙漠中的甘泉，寒雪中的篝火，才让人觉得格外甘甜和温暖。随时开了对弈软件，就能下上一盘棋的乐趣，绝对比不上熬过多少寂寞雨夜之后，突然有棋友可以对弈一局的欣喜。

杜牧有诗："睡雨高梧密，棋灯小阁虚。"这两句读来格外的温馨：密雨滴在高高的梧桐树的叶子上，发出阵阵响声，此刻不需行路，不需奔波，能够安安稳稳地睡在温暖的小屋中，一灯如豆，照着刚下完的棋枰上的棋子，这份安恬，是如今钢筋水泥丛林中的现代人少有体会的。

▲ 唐　阿斯塔那 187 号墓《弈棋仕女图》

故而，越是烈日酷暑之下，寒雨连绵之日，风雪凛冽之夕，越能体味到这"木野狐"①的魅力。故有"花间酒气春风暖，竹里棋声夜雨寒""别后竹窗风雪夜，一灯明暗覆吴图"等句。

风雪寒灯之夜，何等的岑寂孤闷，但有朋友来饮酒弈棋，便另是一番天地。白居易给朋友刘十九有一首著名的诗中写道："绿蚁新醅酒，红泥小火炉。晚来天欲雪，能饮一杯无？"不知温暖了多少渴望友情的人。然而，他和刘十九的弈棋之乐，却并不如前者更广为人知，"唯共嵩阳刘处士，围棋赌酒到天明"——这漫长的冬夜，就在饮酒弈棋的快乐时光中过去了。

清代的李渔却说："弈棋尽可消闲，似难借以行乐。"他的理由是："棋必整槊横戈以待……常有贵禄荣名付之一掷，而与人围棋赌胜，不肯以一着相饶者，是与让千乘之国而争箪食豆羹者何异哉？"他的意思是说弈棋如果太看重胜负，甚至加上赌彩的性质去争棋搏杀的话，就容易为棋所累，得不到弈棋之乐。所以《小窗幽记》中也有"对棋不若观棋"之说，苏轼那句"胜固欣然，败亦可喜"也是讲观棋之乐。

① 木野狐：邢居实《拊掌录》载："人目棋枰为木野狐，言其媚惑人如狐也。"

相比之下，观棋者能超脱于胜负之外，更能体味到棋局中的深刻道理，不复有当局者迷之困。然而，对我来说，还是觉得置身对局中，更能享受那份精彩和刺激，时时刻刻和对手相较，当自己碾压和征服对手时，那得来不易的一胜才让人心花怒放。当然，也许是我的境界还不够的缘故吧。有时想想，在人工智能强大的时代，我们业余棋手之间的小小胜负其实根本也没有什么大的意义，从围棋中获得精神享受才是真正的主旨。

闲下来，带着闲雅的心境去享受一盘棋。弈棋之乐，不在于争胜负，而在于从棋枰中得到一种精神的愉悦感。当你落子如风，力擒对手大龙时，会有"六龙一出乾坤定，八百诸侯拜殿前"的豪情霸气；当你腾挪转身，妙手翻盘时，会有"撞破铁笼逃虎豹，顿开金锁走蛟龙"的意外之喜；宁舍先中后，不舍后中先，愚形之筋，让你体味到"曲则全，枉则直"的道理，于是在小小的纵横十九道的棋盘上，短短的一个时辰中，你已经体味了百味人生。"人事三杯酒，流年一局棋"，流年暗换，人事已非，恰如棋局。

正如明代程羽文所说："汤武征诛一局棋，波波劫劫，究竟何在？不如借此一枰，剥啄声寒。聊消永昼也。"

▶ 清　费丹旭《闲敲棋子图》

一枕黑甜

　　《幼学琼林》中曾解释过："睡曰黑甜。"但我觉得不确切，应该是美美地睡上一觉，方可有此称谓。如果是睡中噩梦不断，惊恐连连，这"甜"字又从何谈起？

　　也许有人觉得，这睡觉如何能算得上"赏心乐事"？殊不知，高质量的睡眠也是人生一乐，有多少人虽然睡在都市豪宅之中，名牌的床垫之上，却辗转难眠，无法入睡。

　　正如《小窗幽记》中所说："长安风雪夜，古庙冷铺中，乞儿丐僧，鼾鼾如雷吼，而白髭老贵人，拥锦下帷，求一合眼不得。"

　　下图为元代佚名画家所绘《四睡图》。所谓"四睡"，是指画中高僧丰干、寒山、拾得与一虎，四者相伴酣睡。什么意思呢？我们可以从这些禅宗语录中悟出道理来，《樵隐和尚语录》中写道："人虎为群，是何火伴，心面不同，梦想变乱，风撼松门春色晚。"《禅宗杂毒海》卷一中写："丰干拾得寒山子，靠倒无毛老大虫。合火斗头同做梦，不知明月上高峰。"《佛鉴禅师语录》卷五中写："善者未必善，恶者未必恶，彼此不忘怀，如何睡得着？恶者难为善，善者难为恶，老虎既忘机，如何睡不着？"

▲ 元　佚名《四睡图》

也就是说，学到物我两忘，放下一切，心无挂碍的境界，那就算与虎相伴，也照样呼呼大睡。

《五灯会元》曾记载这样一则机锋对话：有人问如何"用功"，禅师答："饥来吃饭，困来即眠。"这人说："这算什么用功啊，所有人都是在这样做啊！"禅师说："不是的，有些人吃饭时不肯好好吃饭，百种须索；睡时难以好好入睡，千般计较。"

的确如此，对于世务萦身、物欲横流的现代人来说，有时候睡觉反而成了一种最大的奢侈。这不是本末倒置了吗？

对于现在高楼大厦的写字楼里践行"996"工作制的码农们，整天在金融产品的分时线中划出心电图的精英们，这些在都市中为了一套房子劳碌打拼的"摩登工蚁"，往往很容易得失眠症。据调查，目前我国都市成年人中有80%的人睡眠不健康，经常失眠的人群占参与调查人群的40%，所以有人发出感叹：第一批90后已经秃了！如今年轻人中的脱发患者与他们的父辈相比，脱发的平均年龄提早了15～20年，这其中，睡眠不好是一个重要的因素。

所以说，美美地睡上一觉，亦是人生一乐。正如陈继儒所说："人人爱睡，知其味者甚鲜；睡则双眼一合，百事俱忘，肢体皆适，尘劳尽消，即黄粱南柯，特余事已耳。"真正睡得熟，睡得香，能百虑全消，荣辱俱忘，大有禅道所推崇的至人境界。

这些的前提，就是要有一个静谧安适，无欲无求的心境。当然，正如李渔《闲情偶寄》中所说："如人忧贫而劝之使忘，彼非不欲忘也，啼饥号寒者迫于内，课赋索逋者攻于外，忧能忘乎？"面对生活中的种种烦恼，有时也是无法逃避的，但古人说过："不作风波于世上，自无冰炭到胸中。"做好自己的人生规划，不贪名利，不慕荣华，不奢求自己的分外之财，自是可以心安理得。《庄子·大宗师》说："古之真人，其寝不梦。"能睡得香甜，睡得深沉，也是一种修为。

有此心境，无论春夏秋冬、阴晴雨雪，都可以得一枕黑甜之乐。

《黄帝内经》曾劝导人们，睡眠也要顺应天时，一年四季中，随着春生、夏长、秋收、冬藏，睡眠的时辰也各有讲究：

　　春季要"夜卧早起，广步于庭"，即晚睡早起，多在院中散步活动；夏季时要"夜卧早起，无厌于日"，即睡得晚一些，起得早一些，不要嫌白昼太长，当然，人们为了补觉，往往夏天要午睡；秋季则是"早卧早起，与鸡俱兴"，秋天的夜晚冷得厉害，晚上宜早睡，清晨要随着鸡鸣早起；而冬日要"早卧晚起，必待日光"，冬季气候寒冷严酷，夜长昼短，所以夜晚要睡得长一些，符合"冬藏"之意。

▼　元　佚名《竹榻憩睡图》

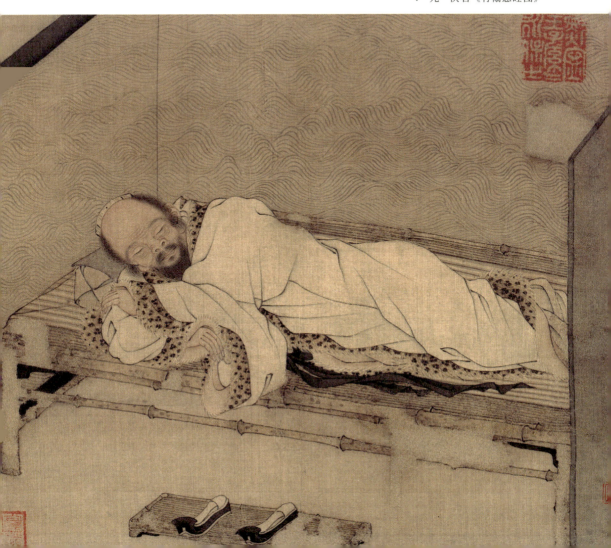

古之达人，无论是春夏秋冬，都有黑甜之乐。欧阳修曾写过"众喧争去逐春游，独静谁知味最优。雨霁日长花烂漫，春深睡美梦飘浮"，苏轼也写过"报道先生春睡美，道人轻打五更钟"，刘克庄也道"一枕茅檐春睡美，便周公、大圣何须梦"，更有甚者，以《汉书》下酒的苏舜钦写有《春睡》一诗，专道其中之乐：

> 别院帘昏掩竹扉，朝醒未解接春晖。
>
> 身如蝉蜕一榻上，梦似杨花千里飞。
>
> 嗒尔暂能离世网，陶然直欲见天机。
>
> 此中有德堪为颂，绝胜人间较是非。

春日里熙暖的黄昏中，诗人在一个小院落里，轻掩竹扉，借着残留的酒意酣眠于榻上，只觉得身如蝉蜕后一般的轻松解脱，梦中如同杨花舞于春风一样潇洒自如，恍惚间觉得自己早已远离这尘网俗世，陶然间似乎已窥得天机之趣，这睡中的物我两忘，实在值得称颂一番，绝胜在清醒时的钩心斗角，招惹是非。

白居易也有诗赞春睡之趣："春被薄亦暖，朝窗深更闲。却忘人间事，似得枕上仙。至适无梦想，大和难名言。全胜彭泽醉，欲敌曹溪禅。"

"春天不是读书天，夏日炎炎正好眠。秋有凉风冬有雪，收拾书箱好过年。"这一首打油诗，写懒人不愿意读书的诸般理由，此诗有多种版本，不少异文，不过第二句"夏日炎炎正好眠"却惊人的一致，看来夏天宜睡是大家公认的了。

夏日白昼极长，又是赤日炎炎，火伞高张，古人闲来无事，只得于竹簟凉风之处高眠午睡。

唐代诗人柳宗元被贬到永州后，初时惶恐，但慢慢地心境也安适下来，于暑热之中，小憩片刻，甚是得意："南州溽暑醉如酒，隐几熟眠开北牖。日午独觉无余声，山童隔竹敲茶臼。"唐代李嘉祐也有诗："南风不用蒲葵扇，纱帽闲眠对水鸥。"陆游更是有一首名为《午睡》的诗，专写午睡之乐：

> 槐楸阴里绿窗开，天与先生作睡媒。
>
> 流汗未干衣上雨，大声已发鼻端雷。
>
> 枕敧松石分琴荐，簟织风漪取笛材。
>
> 却起岸巾看汉井，人间车马正氛埃。

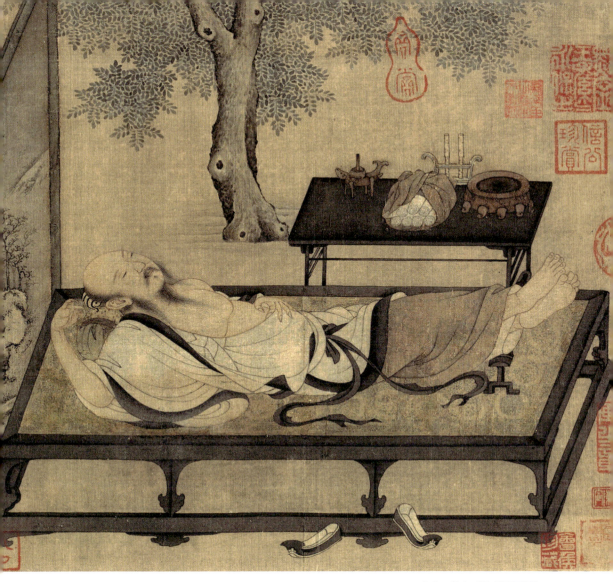

▲ 南宋 佚名《槐荫消夏图》

　　说到秋眠，每当秋风萧瑟，秋雨连绵，于寒风冷雨中，听风声雨声而眠，别有一番情味。白居易有《秋雨夜眠》一诗："凉冷三秋夜，安闲一老翁。卧迟灯灭后，睡美雨声中。灰宿温瓶火，香添暖被笼。晓晴寒未起，霜叶满阶红。"

　　看诗人于三秋冷雨之夜，心头无事，睡中无梦，恬淡安闲，实在令人羡慕。窗外寒风寒雨，室内却有香笼暖窝，读来甚是温馨可人。

从现代科学的分析来说，雨声属于白噪声。听着窗外滴滴答答的雨声，不但不会被干扰，反而更容易入睡。但我觉得，这是人类从远古以来就留下的"基因记忆"吧。在原始的条件下，风雨之夜，能找到一个安稳的地方，风吹不进，雨淋不着，就很舒服了。

寒冬之日，昼短夜长，北风凛冽，霜雪漫天。这时候拥厚衾、居暖阁，酣睡终夜，不亦乐乎？当然，如果不懂知足常乐，如守财奴王戎一般"每自执牙筹，昼夜算计，恒若不足"，那也是难得安眠之乐的，要是像白居易一样，在"白日冷无光，黄河冻不流"的时候，想一想"穷途绝粮客，寒狱无灯囚"的辛苦人，自然会觉得拥厚被在暖窝里高眠，是难得之乐了。

记得小时候并没有暖气，炉火的力量非常微弱，往往屋里的水缸都能结上冰，也没有电视手机等娱乐工具，所以夜寒之时，我就早早地钻进被窝里取暖，听老人讲一些稀奇古怪的故事，然后酣然入梦。如果逢着假期之类，能睡到日上三竿，就更舒服了。古人所谓"朝臣待漏五更寒，铁甲将军夜渡关。山寺日高僧未起，算来名利不如闲"，就是说这睡懒觉的快乐吧。

有统计说，人的一生有三分之一的时光是在睡眠中度过的，所以能得睡中之乐，不也是一种福分吗？

大梦谁先觉？平生我自知。草堂春睡足，窗外日迟迟。

▲ 明　朱瞻基《武侯高卧图》

七夕乞巧

　　现代，七夕逐渐衍化为中国的情人节，因为传说中这一天是牛郎织女相会的日子，所以象征着爱情的甜蜜和团圆。但在古人的时代，这个节日，更多地属于闺中的女子，所以又有"女儿节"之称。

　　"七夕今宵看碧霄，牵牛织女渡河桥。家家乞巧望秋月，穿尽红丝几万条。"这是晚唐神童林杰的诗作，也许是早夭的原因，林杰诗名不彰，但这首诗却细致生动地写出了七夕时乞巧的情景，让我们如临其境。

▲　清　陈枚《月曼清游图·桐荫乞巧》

乞巧，是古时七夕节中最重要的项目。所谓乞巧，就是闺中的女子们对着那浩渺的天河、弯弯的明月用彩线穿针，祈愿天上的织女能赐给自己一双巧手。

这个风俗流传已久，托名东晋葛洪的《西京杂记》中，就记载有"汉彩女常以七月七日穿七孔针于开襟楼，人俱习之"。所以，至少在西汉时，就开始风行这一习俗了。

"向月穿针易，临风整线难"，穿针之时，最怕风吹线动，所以能不能在众多女伴面前露一小脸，不但靠技术，还要看运气。正因为如此，才更多了一些"惊险刺激"，多了一些博弈的乐趣。南朝梁刘孝威也有诗说："缕乱恐风来，衫轻羞指现。故穿双眼针，特缝合欢扇。"由此可见，七夕之时，不但乞巧，而且也包含着期盼自己的婚姻爱情能幸福美满的愿望。

古时的女子，没有自己的事业，织布做针线活，是所谓的"三从四德"中的"四德"之一的"妇功"，也是基本素质中很重要的一项指标，在古人心目中的地位，甚至要高于"妇容"，有诗为证："敢将十指夸针巧，不把双眉斗画长。"

除了夜晚的对月穿针乞巧之外，古人还把斗巧的游戏延伸到了白天，像《帝京景物略》中就说："七月七日之午丢巧针。妇女曝盎水日中，顷之，水膜生面，绣针投之则浮，看水底针影。有成云物花头鸟兽影者，有成鞋及剪刀水茄影者，谓乞得巧；其影粗如锤、细如丝、直如轴蜡，此拙征矣。"

什么意思呢？就是说在七月七日的午时，即正午 12 点左右的时候，女人们晒上一小盆水，让这盆水的水面生成一层水膜（其实是水的表面张力），然后把绣花针轻轻放在水面上，让它浮着，再看看太阳照射下针在水底的影子，如果投射出类似云朵、花朵、鸟兽的影子，或者像鞋子剪刀水茄之类的影子时，就算是得到了巧艺，是成功的。而如果影子是一条直线，或粗如锤，或细如发丝，直得像穿在铁轴上的蜡烛一样的话，就是笨拙的女人了。

这样的说法，当然没什么科学道理，大概针如果不断随水面震动的话，照出的影子就是不规则的各种形状，就会有云朵、花朵之类的样子，而针如果相对静止，影子就是直线一条了，和投针人的手艺和心智毫无关系。不过，这也就是取一乐儿，就像我们掷骰子，掷得点大点小，其实也和能力无关（这里不说作弊时的情况），就是碰个运气，图个刺激。

与之相似，古代的女子们还发明了一些另类的乞巧方式，那就是在七夕的夜晚，捉来蜘蛛，把它放在盒子里面，让它在盒子里结网，第二天看谁盒子里的蜘蛛结的网又圆又规则，就是得巧了；反之，神仙就没有赐巧。这种方法需要的时间比较长，不像上面那个水中浮针一样能"立竿见影"，但古人很悠闲，有的是时间，有道是："从前的日色变得慢，车，马，邮件都慢，一生只够爱一个人……"

▼ 明 仇英《乞巧图》（局部）

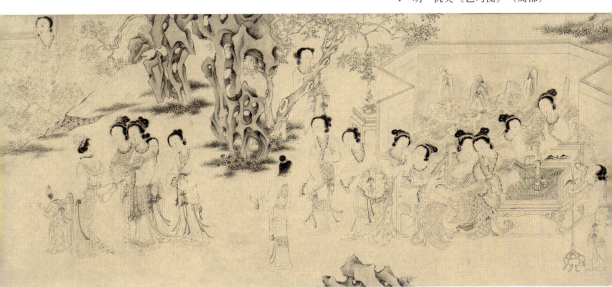

说到爱情，虽然古代的七夕不像现在这样等同于情人节，但古代相亲相爱的人在月下证盟，期盼着这份感情能天长地久，也是很常见的。

当然流传中最为有名、身份最尊贵的人，就当属唐明皇和杨贵妃了，有诗为证："七月七日长生殿，夜半无人私语时。在天愿作比翼鸟，在地愿为连理枝。"

据《东京梦华录》中所说，当时宋代的都城中，这一天到处是卖并蒂莲的，不过真正天然生就的并蒂莲是远远不够供应市场的，于是就有一些巧手的人，做成了可以假乱真的"人造并蒂莲"来售卖，但仍旧销路很好。由此可见，七夕节寄寓着人们对美好婚姻的祈愿和向往。

感觉古时的七夕节，主要是女人和儿童的欢乐节日。在当时的潘楼街东、宋门外瓦子、州西梁门外瓦子、南朱雀门外街等处，都在卖一种叫"磨喝乐"（即摩睺罗）的土泥偶人，这"磨喝乐"虽然源于佛教的经典，但在当年已衍化为玩偶，成为小孩子们的玩具，类似于泥娃娃了。当时有诗云："捏塑彩画一团泥，妆点金珠配华衣。小儿把玩得笑乐，少妇供养盼良嗣。"由此可见，"磨喝乐"寓有期盼多子之意。

"磨喝乐"虽多为泥塑，但有些也做得相当精致。有的加以木雕彩绘，有的配上金银珠宝、象牙翡翠来镶嵌，有的用红纱碧笼来罩裹，还有的给这个小佛配上带栏杆的底座，品类繁多，花样百出，所以有些名贵的"磨喝乐"能值上数千钱。

商家自古就很狡猾，因为有些价值名贵的"磨喝乐"，普通人是买不起的，所以就采用博彩的方式，用这种镶金带玉的"磨喝乐"作为彩头，引人下注博戏。当时有一首词是这样说的：

天上佳期，九衢灯月交辉，摩睺孩儿（磨喝乐）斗巧争奇。戴短檐珠子帽，披小缕金衣。嗔眉笑眼，百般地、敛手相宜。转睛底、工夫不少，引得人爱后如痴。快输钱，须要补，不问归迟。归来梦醒，争如我、活底孩儿。

作者说，见到了街市上那形貌可爱，披着金缕衣，戴着珍珠的"摩喝乐"，于是投钱下注，耽误了半天时光，输了不少钱，还是空手而归。然后回家的路上才醒悟，这个泥娃娃哪有我自己家活蹦乱跳的孩子可爱？

乾隆戊寅春南蘋沈銓寫林八喜華

清 沈銓 《荷塘鸳鸯图》

除泥娃娃，还有人用蜡做成大雁、鸳鸯、龟、鱼等各种动物，放在水盆里漂浮着，还有人在一张小木板上，铺上泥土，种上豆苗，然后做上农家屋子院落的微缩模型，这个当时被称为"谷板"。

另外，七夕节热闹的大街上，还售卖"巧果"或"乞巧果子"。"巧果"，也称果食，据记载："又以油、面、糖、蜜造为笑靥儿，谓之'果食'……若买一斤，数内有一对被介胄者，如门神之像，盖自来风流，不知其从，谓之'果食将军'。"

这种点心，我感觉有点像现在的蜜食。为了促销，当时商家还做了一些面塑的将军人偶，这些小型面人类似秦琼、尉迟恭两位门神，披盔戴甲，威风凛凛，号称"果食将军"。一次买上整整一斤果食，就会获赠一对果食将军。

可以想象，如果我们生在古时，就算不生为女子，也一定会对七夕节有着很美好的印象，因为从孩提时就会年年盼着这一天，有好玩的"磨喝乐"泥娃娃、"果食将军"玩具，有香甜可口的果食吃。这在玩具贫乏、美食也不是轻易可得的古代，是难得的一个开心的节日。在幼小的心灵中，恐怕其他节日都不如七夕节更有趣。

瓜棚说鬼

"姑妄言之姑听之,豆棚瓜架雨如丝。料应厌作人间语,爱听秋坟鬼唱诗。"这是王士禛读过《聊斋志异》后所作的诗。醉客谈禅,闲人说鬼,在古时都是人们来消遣时光的一种乐趣。

古时瓜田之旁,往往有一座看瓜的棚子。夏日瓜熟之际,为防有人偷瓜,就要在其中值守。古代的条件远不如现在,一到夜晚,到处昏黑,就算是点上灯火,也是难以看得清楚。加上当时野生动物比较多,可以搞出不少的动静,搞得人一惊一乍的。那时候的田野中,还有磷火,也就是俗称的"鬼火",令人十分惊恐。

值守瓜棚,寂寞无趣。现在的门岗大爷就算不会刷智能手机,起码有个收音机啥的解解闷。而在当时,为了省钱,往往连灯烛也舍不得点,于是聊聊天、说说故事,是最好的消遣方式。

众多故事中,鬼故事无疑是最具刺激性的一种题材,即使是在现代,诸如《鬼吹灯》《盗墓笔记》这一类悬疑恐怖小说也是大行其道,收割了不少读者。

而这类故事在黑魆魆的瓜棚之中,更为"应景"。虽然古人早有诗告诫:"白日无谈人,谈人则害生。昏夜无说鬼,说鬼则怪至。"但是有时候这鬼故事,越听越害怕,越怕还越想听。就像吃辣椒一样,虽然入口时没有糖果来得舒适,但还是觉得缺了它就少了许多味道。有人这样分析说,鬼故事能让疲乏的神经得到刺激,然后再松弛下来后,就会产生十分舒适的愉悦感,类似于体育活动疲惫后得到放松的感觉。

对不对,姑且不论,但古往今来,人们对鬼故事的兴趣,一直是不减的。

当年苏东坡在黄州时,没事就拉着朋友,让他讲鬼故事,朋友说都讲完了,苏东坡就让人家编一个。这也是蒲松龄在《聊斋志异》序言中所说"情类黄州,喜人谈鬼"这两句话的由来。无独有偶,纪晓岚所写的鬼故事《阅微草堂笔记》,也题诗说:"平生心力坐消磨,纸上烟云过眼多。拟筑书仓今老矣,只应说鬼似东坡。"

南宋 李嵩《骷髅幻戏图》

　　说起来，古时候的鬼故事，其实基本元素和现在也差不多，我们无法亲耳听到当年瓜棚豆架边的那些鬼故事，但却能从古人的一些书籍中了解一二。

　　《子不语》中曾记载这样一个鬼故事："杭州朱某，以发冢起家，聚其徒六七人，每深夜昏黑，便持锄四出……掘三四尺，得大石椁，长阔异常，与其党六七人共扛之，莫能起。相传净寺僧有能持飞杵咒者，诵咒百声，棺椁自开，乃共迎僧，许以得财朋分。僧亦妖匪，闻言踊跃而往。诵咒百余，石椁豁然开。中伸一青臂出，长丈许，攫僧入椁，裂而食之，血肉狼藉，骨坠地铮铮有声。朱与群党惊奔四散。次日往视井，井不见。然净寺竟失一僧，皆知为朱唤去。徒众控官，朱以讼事破家，自缢于狱。朱尝言所见棺中僵尸不一，有紫僵、白僵、绿僵、毛僵之类。最奇者在六和塔西边掘坟，有圈门石户，广数丈，中有铁索，悬金饰朱棺，斧之，乃犀皮所为，非木也。中一尸冕旒如王者，白须伟貌，见风悉化为灰。侍卫甲裳似层层茧纸所为，非丝非绢。又一陵中朱棺甚大，非绯索所悬，有四铜人如宦官状，跪而以首承棺，双手捧之，土花青绿，不知何代陵寝。"

　　我们看，盗墓、僵尸、铜人、朱棺，活脱脱就是《鬼吹灯》《盗墓笔记》的微缩版啊！

　　《阅微草堂笔记》里有这样一则故事，是说有人在河边走，拾到两大包东西，一包全是人牙，一包全是人的手指甲。他看这东西怪异，就扔到河里，结果一会儿一个老太婆来寻找，没找到就面目狰狞地和他厮打，打斗过程中，老太婆的身体如破革衰纸一样，一碰就裂开，但是马上就能再愈合。虽然老太婆有满血复活的生命值，但没有寻到爪和牙，攻击技术不强，始终打不倒这个人，最后放下一句狠话："少则三月，多则三年，必来勾走你的魂！"就走了。然而三年过后，这人也没什么事，可见这个鬼也是大言恐吓而已。我小时候听了这个故事后，好长一段时间看到老太婆就害怕。

　　相比于现代的鬼片和鬼故事，古代人常在其中掺杂一些因果报应的元素，其实也能起到一定的教化作用。比如讲古时有贪官私吞草料钱，后来转世为马，受尽鞭打驱驰；刀笔吏侵吞公家钱财，后来却患了恶疾败尽家产，赃款全当了医药费；有高官夫人经常鞭打丫鬟，惨毒备至，后来两股生疽溃烂，一如鞭痕，死后棺材还失火被焚；有人经常骂人，后来喉舌全部生疮流脓而死。诸如此类，听起来既让人非常过瘾，心理上得到了平衡和满足，又能警醒世人，不要做坏事。现实中的种种不公，种种怨气，在阴司法镜中都得到了澄清和释放。

当然，有一些鬼故事，还寄托了"癞蛤蟆吃天鹅肉"一般的幻想。像《聊斋志异》中的狐女，对于男人，不但不要三媒六聘、彩礼钻戒，而且怎么样都不嫌弃。有个叫王元丰的缺心眼，是个傻子，正当老爹急得没法时，漂亮新娘送上门来了——"适有妇人率少女登门，自请为妇。视其女，嫣然展笑，真仙品也"。不但如此，儿子竟然还变得不傻了。那些遇上恶霸、官司缠身的书生们，更是有狐女"危难之处显身手"，个个消灾弭祸，化险为夷。这些狐女，哪里是狐，简直是有求必应、救苦救难的观音菩萨啊！比起冷酷而物质的女子，女鬼聂小倩反而更可爱些。

就算是现在，一首《白狐》也唱响了全国各地，看来就算是现代社会，男生们还是向往像白狐一样诚心付出不求回报的女子——"我爱你时你正一贫如洗寒窗苦读，离开你时你正金榜题名洞房花烛……"

所以说，从古至今，聊一聊鬼故事，都有减压的效果。因为鬼故事是一个释放人们幻想的题材，种种诡异和神秘，又让人觉得现实中的一些事，什么升职、买房，都是鸡虫得失，能暂时将一些愁情烦事，尽抛脑后。

正如明清之际的文人尤侗所说："书咄咄，称好好，解如如。不如说鬼、妄言妄听莫辞无。人贵及时行乐，我也逢场作戏，软饱黑甜余"。

▶ 清　华嵒《午日钟馗图》

黄油紙撤日邊遮
中酒鍾紗帽斜
醉眼也隨蜂蝶去
小西園裏鬧羣花

新羅又華品寫于綠筠小閣

「碧云天，黄花地，西风紧，北雁南飞。」秋天的景致总是染着菊花的香气，披着轻寒的薄霜，浸着醇冽的美酒，载着残阳中回味不尽的厚重心事。每当秋天来临的时候，我们总是会思绪万千，试问『世事一场大梦，人生几度秋凉？』秋天留在我们记忆里的，是那霜中的菊花香蕊，是那山上的清冷云气。秋天虽然有些萧瑟的情怀，但乐观的人总是在秋天的爽朗中，饱尝其中的浓烈与酣畅。

正所谓：『自古逢秋悲寂寥，我言秋日胜春朝。晴空一鹤排云上，便引诗情到碧霄。』

金秋

中秋赏月

在旧时的传统佳节中，中秋节是一个非常隆重的节日，也是一个阖家欢乐团圆的节日，地位仅次于春节。古代人，最重视的就是两节，即春节和中秋节，由此可见中秋节的分量。但相比于春节的热闹和庄重，中秋节则显得更为浪漫和诗意。

月满中秋，情系心头，普天之下，千里共婵娟。在古代的生活中，这正是一个物产丰足的时节，谷满粮仓、橙黄橘绿，开一桌菊香蟹肥的醇酒佳宴，在楼阁亭台上看秋碧，观月华如霜，临风捧卷，对月而吟，那溶溶的月光流入胸怀，洗肝胆皆清，心澄如水。

这就是中秋带给人们不可替代的快乐。

中秋节时，最重要的一个项目，就是赏月。虽然一年有十二个月，月月有圆时，但是作为节日来观赏的，只有元宵和中秋了。不过元宵节时一般天气寒冷，很难坐在寒风刺骨的庭院之中，有闲情逸致来赏月。而八月十五中秋之时，酷暑才消，秋爽宜人，古人说："天上月色，能移世界。"月光的辉映下，就算是寻常的景致都多了几分华丽和淡雅、朦胧和梦幻。月下赏花，花映月色更为多姿；月下抚琴，声随月光远行千里。赏月宜登楼，看清辉高远，照鉴胸怀；赏月宜临水，观水月相溶，寄述情思。

"九秋三五夕，此夕正秋中。天意一夜别，人心千古同。清光消雾霭，皓色遍高空。愿把团圆盏，年年对兔宫。"这是著名的才女朱淑真写的《中秋夜家宴咏月》一诗，描绘了中秋节时阖家欢聚的场景。

元代曲作家白朴有一首如"百宝嵌"一般镶入了十九个"月"字的《念奴娇》，更是把中秋时的情景写得新颖别致、其乐融融：

一轮月好，臣人间、八月凉生襟袖。万古山河，归月影、表里月明光透。月桂婆娑，月香飘荡，修月香人手。深沉月殿，月娥谁念消瘦。今夕乘月登楼，天低月近，对月能无酒。把酒长歌邀月饮，明月巨堪为友。月向人圆，月和人醉，月是承平旧。年年赏月，愿人如月长久。

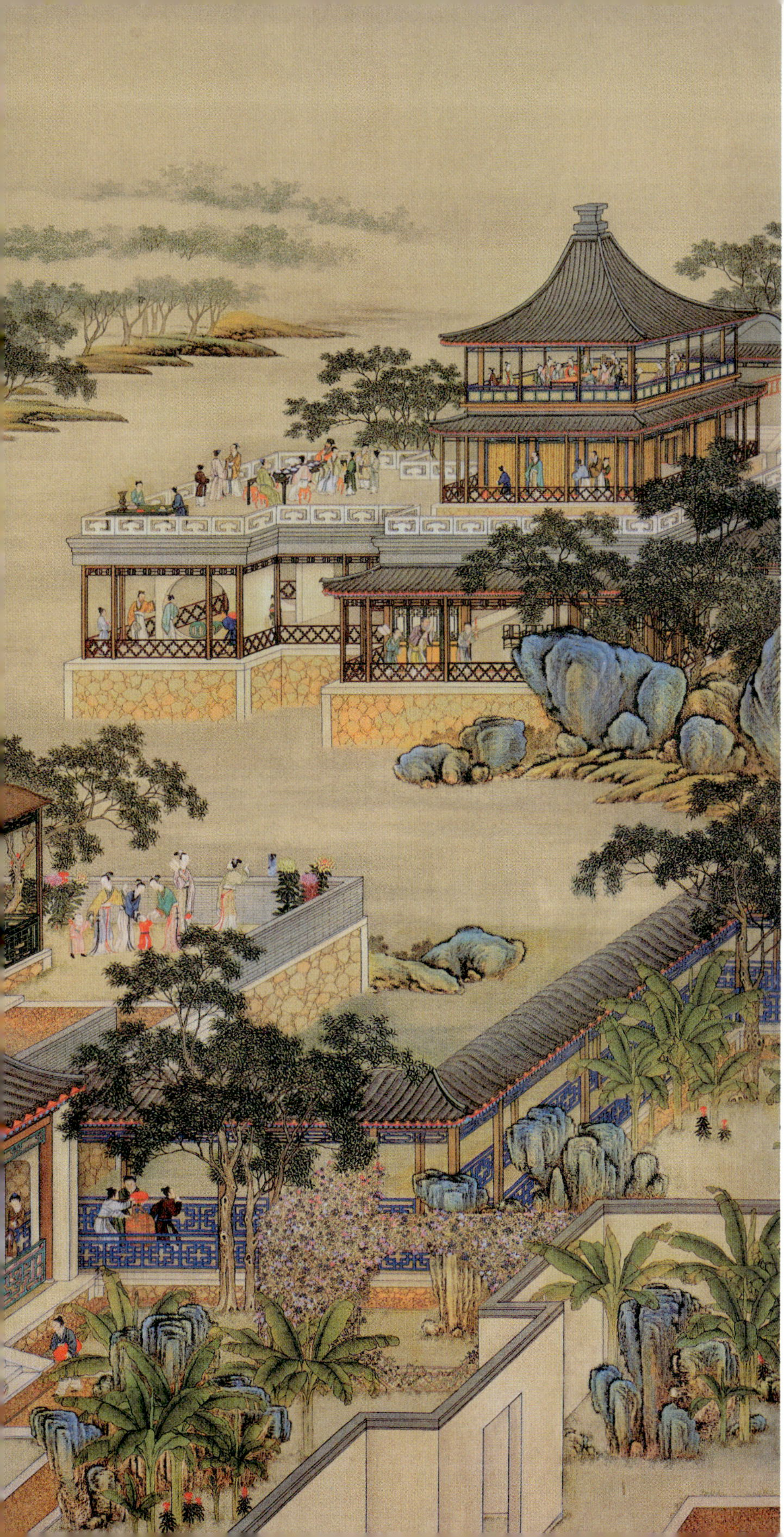

◀ 清 佚名《十二月令图册·八月》

▲ 清 陈枚《月曼清游图·琼台玩月》

　　是啊，年年赏月，愿人如月长久，是多么美好的祈愿！

　　正因为古人不了解月球的真实面貌，所以更多了不少的浪漫想象。传说嫦娥飞月时，怀抱着一只玉雪可爱的白兔。还有"蟾蜍食月"的说法，当时的人认为月亮之所以有时圆、有时缺，是由于一只巨大的蛤蟆在吞食月亮，所以宋代诗人李朴曾有诗道："妖蟆休向眼前生"，意思说这个作怪的蛤蟆不要吞掉月亮，影响中秋时的大好光景（中秋按说不会出现缺月，但月食发生时除外）。

秋暖每端迤桂芳缀枝初
拈瓷芭荚玉瓯静守冰轮
胡为出人间满意凉

戊寅中秋御题

宸禊拈句夜清
芳态愧濡竟数
照黄恰遇
山庄开
寿宴光轮初上
碧天凉

慈祥类·领秋芳风露
连宵光凉黄旺景不烦
厚玉杵冰瑞影视永

一枚玉守纲
巖芳颂馥祥
占托珂黄
天咏频成广
寒谱云徽合奏
秦莉凉
天凉

玉兔爰卜守桂芳金
波湛卜着花黄普天
拾祝寿回霞生毅
如祖

广寒高豪茑梂芳
頔晙金枝泛露黄
正是敷天开
寿城重轮无隙一

▲ 清 蒋溥《月中桂兔图》

101

而香松柔腻，迥异寻常。"又说过，还有一种叫"花边月饼"，口味不输山东刘方伯月饼。这个做法是"用飞面拌生猪油子团百搦，才用枣肉嵌入为馅，裁如碗大，以手搦其四边菱花样。用火盆两个，上下覆而炙之。枣不去皮，取其鲜也；油不先熬，取其生也。含之上口而化，甘而不腻，松而不滞，其工夫全在搦中，愈多愈妙"。由此可见，这个月饼是类似现在枣泥馅儿的，而刘方伯所制更像五仁馅儿的月饼。不过这两种无一例外，都用了猪油，看来是适合当时人的口味的。

《红楼梦》中，曾经细致地描绘过富贵人家过中秋节的情景："园之正门俱已大开，挂着羊角大灯。嘉荫堂前月台上，焚着斗香，秉着风烛，陈献着瓜饼及各色果品……真是月明灯彩，人气香烟，晶艳氤氲，不可形状。"

当时贾府是在地势高耸的"凸碧山庄"赏月，书中这样写："于厅前平台上列下桌椅，又用一架大围屏隔作两间，凡桌椅形式皆是圆的，特取团圆之意。上面居中贾母坐下，左垂首贾赦、贾珍、贾琏、贾蓉，右垂首贾政、宝玉、贾环、贾兰。团团围坐……"

在席间玩起击鼓传花，受罚者饮酒作诗或者讲笑话逗乐，好不热闹，书中写连一直端庄严肃的贾政，也一反常态地讲起了笑话。由此可见，中秋节时的人们都是有些"得意忘形"的。其实，我觉得《红楼梦》在高处观月的选择虽然也相当不错，但如果泛舟水波上，看月照水中，静影沉璧，也是相当的怡人。广袤浩渺的水波，如软玉一般温润。素洁的月光和星光，照映在水晶般剔透的湖水中，整个世界也仿佛变得通明澄澈。对水对月，往往会让人们感到安详、感到圣洁："处处清凉水，夜夜琉璃月。"此情此景下的中秋赏月，能让月光沐浴我们的整个身心，照得心田中如同冰雪一样晶莹。

中秋，是一个笼罩在月光中的节日，溶溶如水的月色给这个节日洒满了婉约的柔情。"今人不见古时月，今月曾经照古人。"空中的皎皎圆月，像悬挂在碧霄中的天镜，照见了那锦笺素帛上的绵绵情思，唤醒了那鼎铭竹简中的千年心绪。"明月如霜，好风如水"，悠远的诗情从时光的深处涉水而来，重新荡漾起我们心底的涟漪。

秋日，是一个让人思绪纷飞的季节，而静坐在中秋的圆月下，时空流转仿佛变得无比清晰，心中积淀着的情感会像霜叶的颜色一样，越发浓重。我们思念远方的亲友，我们感怀似水的流年，举起洒满月光的那樽酒，饮下那说不尽的悠悠心事。

❀ 久别重逢

"久别的人盼重逢，重逢就怕日匆匆，情丝正像藕丝织缆绳，拴住日光和月影。"这是一首老歌，流行于二十世纪。在现代社会中，歌中所唱的情感，带给我们的感动也越来越少。

由于通信的方便，我们的相约相遇，一切都像是经过完全剧透的电影一样，都在预料之中，所以没有了意外之喜。同样，久别重逢的欢聚时刻，也变得平平淡淡了。

而且，因为交通的便捷，相隔千里的地方，也可以朝发夕至。想见面，无非就是一张飞机或高铁票而已。

然而，古人却不同。

一别之后，山高水远，日煎月熬，彼此挂念他在路上有没有遇到风雨，得没得疾病，有没有河中翻船，山前遇寇？

▲ 宋　佚名《送别图》

日思夜想之后，往往会在梦中相逢。醒来又不免感叹，然后又忐忑不安地寻卦占卜，预测吉凶。正如杜甫惦念李白的心情："死别已吞声，生别常恻恻。江南瘴疠地，逐客无消息。故人入我梦，明我长相忆。恐非平生魂，路远不可测。魂来枫林青，魂返关塞黑。君今在罗网，何以有羽翼。"

如果是今天，李白回一个微信消息："子美老弟，愚兄正在黄鹤楼饮酒，和史钦郎中一起听笛，有一首新诗：'一为迁客去长沙，西望长安不见家。黄鹤楼中吹玉笛，江城五月落梅花。'……"这样一来，就炸断了多少故事的尾巴，虽然杜甫少了诸多的担心，但《梦李白》那两首好诗恐怕也要不存于世了。

对于那些在家苦守，等待征夫归家的少妇们来说，更有一番苦楚。除了日日夜夜的挂念，还有一份空床难守的煎熬。正如《古诗十九首》中所说的："荡子行不归，空床难独守。"又如王昌龄的诗："忽见陌头杨柳色，悔教夫婿觅封侯。"

无论是外出经商，或是从军戍边，在当时都有相当大的危险和变数，能不能平安归来，都是一个未知数。可怕的是，有些时候，就在家中少妇毫不知情、自得其乐地过日子的时候，悲剧就已经发生了。

正如刘驾有一首《贾客词》中写道："贾客灯下起，犹言发已迟。高山有疾路，暗行终不疑。寇盗伏其路，猛兽来相追。金玉四散去，空囊委路岐。扬州有大宅，白骨无地归，少妇当此日，对镜弄花枝。"

诗中写少妇的丈夫是个商人，天不亮就起早赶路，不想遇到强盗劫道后，又遇到凶猛的野兽，结果金银财宝都被抢走，尸骨也被野兽啃得面目全非，没有葬身之地。而远在扬州的大宅里的少妇，却毫不知情，还在怡然自得地对镜梳妆。想想这情景，那些丈夫出门在外的少妇们，都会不寒而栗吧。

古时交通不便，道路坎坷，加上有些不太平的年代盗匪肆虐，更是险象环生。就算是骑马或坐轿，也都不如现在快捷舒适。《金瓶梅》里写饶是西门大官人有钱有势，去了一趟东京，也是饱受风餐露宿之苦，书中第七十二回中，西门庆回家向妻子吴月娘诉苦说："休说起，我拾得性命来家。昨日十一月二十三日，刚过黄河，行到沂水县八角镇上，遭遇大风，沙石迷目，通行不得。天色又晚，百里不见人，众人都慌了。况驮垛又多，诚恐钻出个贼来怎了？比及投到个古寺中，和尚又穷，夜晚连灯火也没个儿，只吃些豆粥儿就过了一夜。次日风住，

▶ 清　俞明《仕女图》

方才起身，这场苦比前日更苦十分。前日虽热，天还好些。这遭又是寒冷天气，又耽许多惊怕。幸得平地还罢了，若在黄河遭此风浪怎了？我在路上就许了愿心，到腊月初一日，宰猪羊祭赛天地。"

你看，古时交通不便，不像今天，有头等舱和商务座，到处都有星级酒店什么的。走到前不着村，后不着店的地方，或者天气不好时，阻了路途，只好将就着歇宿。到了穷和尚庙里，没酒没肉，有钱也没处使。渡黄河时，也心惊胆战，生怕有风浪翻了船。所以古时的人，出门时危险很多。

而且，远行的人，还不时要面临在外生病，或是没了路费、回不了家的困境。《敦煌曲子词集》里有"贫不归""死不归"之说：

作客在江西。寂寞自家知。尘土满面上。终日被人欺。朝朝立在市门西。风吹泪点双垂。遥望家乡长短。此是贫不归。

作客在江西。得病卧毫厘。还往观消息。看看似别离。村人曳在道旁西。耶娘父母不知。身上缀牌书字。此是死不归。

这些商人有的穷困不堪，没有路费，回不了家；有的甚至直接死在异乡，被当作无主野尸处理掉了。

当然，也有在外面发了财的，但发了财，对家中的思妇来说，也不是什么好消息，所以曲子里，除了"贫不归""死不归"外，还有"富不归"一说：

作客在江西。富贵世间稀。终日红楼上。□□（二字原缺）舞著词。频频满酌醉如泥。轻轻更换金卮。尽日贪欢逐乐。此是富不归。

发了财就在外面花天酒地，乐不思蜀。这些，都是留守少妇们难遣的心中愁绪。

说到从军戍边，那更是危险万分。所谓"一将成名万骨枯"，有多少大好男儿，顷刻之间就血染黄沙，埋骨白草，"可怜无定河边骨，犹是春闺梦里人"。这些人，是白发亲娘心中挂念的儿子，是青春少妇牵肠挂肚的郎君，是垂髫小儿骑上肩膀的父亲！

南宋　佚名《征人晓发图》

所以说，如果能盼到亲人回乡的那一刻，那份喜悦，真是比过年还要多得多。唐朝诗人梁锽有一首诗，就表达出这样的心情："征夫走马发渔阳，少妇含娇开洞房。千日废台还挂镜，数年尘面再新妆……"

诗中写，听到丈夫从渔阳边塞平安回来了，闺中思妇喜悦自不待言，于是含着娇羞和兴奋的心情整理家中的内室。她许久没有坐在梳妆台前打扮了，现在终于可以洗去多年的尘面，画一个靓丽的新妆了。正所谓"自伯之东，首如飞蓬。岂无膏沐？谁适为容"，从"千日废台"和"数年尘面"之词，不难想象出这许多年来少妇愁眉难展、翘首思念的情景。然后，这许多的辛苦和泪水，都被丈夫即将归来的喜讯吹散了。有道是"小别胜新婚"，多年渴望后的重逢，又是何等的喜乐甜蜜。

　　当然，如果没有提前得知讯息，亲人归家的喜悦，会更有意外之喜。杜甫的《羌村》一诗写："峥嵘赤云西，日脚下平地。柴门鸟雀噪，归客千里至。妻孥怪我在，惊定还拭泪。世乱遭飘荡，生还偶然遂。邻人满墙头，感叹亦嘘唏。夜阑更秉烛，相对如梦寐。"将远行之人突然归来后的情景描写得淋漓尽致。

　　在一个火烧云染红半边天的傍晚，千里跋涉的诗人终于来到了自己的家。太阳要落山了，但今天再也不用发愁到何处借宿，因为马上就要到家了。突然的归来，让妻子的反应，竟然是惊疑发愣，因为她觉得丈夫可能早就不在人世了，隔了一会儿，这才定下心神喜极而泣。在那个人如蓬草的乱世中，生还的亲人是很少的。所以妻子的惊疑是情理之中的事情。诗人的归来，连邻居都惊动了，他们扒着墙头，前来围观，都说能平安回来，真是不容易。相逢的话真是说不尽，虽然已经是废倦不堪，但还是点了灯烛，彻夜长谈，然而说着说着，昏暗的烛光下，却让人产生一种错觉——这究竟是梦，还是现实？因为梦中曾多次出现过这样团圆的场景，所以有点不敢相信。

　　由此可以看出，古人久别重逢的幸福感，绝对是如今无法比拟的。

　　除了千里还家，在异域他乡遇到老朋友，也是难得的欣喜。"久旱逢甘雨，

他乡遇故知"，自来被列为"人生四喜"之中。在音信难通，人生地不熟的旅程中，突然遇见了一个老朋友，那真是让人兴奋不已。

李益的《喜见外弟又言别》这首诗就给我们描绘了一个这样的情景："十年离乱后，长大一相逢。问姓惊初见，称名忆旧容。别来沧海事，语罢暮天钟。明日巴陵道，秋山又几重。"

就在这样一个落叶萧萧的寂寞秋天里，在漫漫的旅途中，诗人李益遇见了自己的表弟。因为十多年没通音信，没见过面，所以双方通名报姓之后，才忽然意识到眼前这个人竟然是自己的亲人！于是两人兴奋不已，有说不完的话，毕竟这十多年，发生的事太多太多了！不知不觉，就说到了日暮时分，这"别来沧海事，语罢暮天钟"，写得真是太传神了。然而，短暂的相会之后，又将是分别——"明日巴陵道，秋山又几重"，让诗人更加地珍惜这相聚的时光。

相信像这样他乡遇亲的经历，是当时任何人都终生难忘的激动时刻，它像冬日土宅里的一个火炉，风雪途中的一碗热粥，苦雨道旁的一间草棚，幽黑洞窟内的一盏烛火，是那么珍贵，那么温暖人心。

▼ 明　沈周《京江送别图》

✿ 驰骋畋猎

早在老子所著的《道德经》中，就有"五色令人目盲，五音令人耳聋，五味令人口爽，驰骋畋猎令人心发狂"的告诫。不过也可以从这段论述中得知，打猎这种活动给古人带来的巨大精神快感。

秦朝的宰相李斯，被革职抄斩，将要赴刑场之前，对自己的儿子说："吾欲与若复牵黄犬俱出上蔡东门逐狡兔，岂可得乎！"对人生最大的依恋，是出城打猎，追逐野兔时所带来的快乐。

确实，你想如果能催动快马，疾风一般地在旷野中飞驰，张弓搭箭，一箭将逃窜的野兔之类射倒，那一瞬间的快感，比踢足球射门命中的喜悦，恐怕还要大吧。

像现在网络上最火的"吃鸡"一类游戏，就是迎合了人们打猎和争杀的心理。从现在有些年轻人沉迷于其中而不能自拔，我们也就可以理解，为什么老子说"驰骋畋猎令人心发狂"了吧！

毕竟古代没有现在这么多丰富的娱乐活动，更没有逼真的电脑游戏，所以带上弓箭刀枪，左牵黄，右擎苍，带上老鹰和猎狗，去深山老林中来一场惊险刺激的真正的猎杀游戏，岂不是让人非常兴奋和激动？这其实比现在看电脑游戏中的虚拟世界要强得多。虽然说打猎也让人上瘾，像唐敬宗半夜里去捉狐狸玩，以至于不上早朝，但打猎和打游戏相比，前者能强健身体，提升武力值，后者却弄得人眼昏头秃，摧残身体。

我觉得由于科技的进步，现代人的乐趣比古人要多很多，但唯一不及古人的，就是打猎这件事了。因为野生动物的稀缺，打猎这种非常刺激的游戏，已经不是一般人能够享受的了。

然而，在古时，打猎是再普通不过的一种活动，古人又将打猎称为"田猎"，意为保护农作物不受野兽的啃咬践踏。说来远古时代，人们的基本生存，就是依赖打猎和采集，这是人类最早的生存技能。

不过，随着农耕技术的发达和饲养方法的成熟，打猎逐渐从生存需要，演化为一种娱乐活动了。

▲ 元　赵雍《太宗出猎图》

　　唐朝时，李世民的弟弟李元吉曾经放言："我宁三日不食，不可一日不猎。"——三天不吃饭可以，一天不让我打猎我就忍不了。其实李世民喜欢打猎，一点也不比李元吉差，在诸多史书中，李世民打猎被多位大臣劝诫的记载真是太多了。

　　李世民有次外出打猎，他大显神威，箭术如神，得了很多猎物，正得意间，一头大野猪突然从灌木丛中跳了出来，直扑李世民。随臣唐俭惊恐万状，想挡在前面保护，哪知李世民不慌不忙，挥动宝剑，一剑斩死了这头大野猪。

看着一头大汗的唐俭，李世民讥笑说："天策长史不见上将击贼邪，何惧之甚？"——你没有见过当年我冲阵杀敌的威风啊，这区区野猪，又有什么好怕的？

但唐俭却正色说："汉高祖以马上得之，不以马上治之；陛下以神武定四方，岂复逞雄心于一兽！"——当年汉高祖刘邦说过，虽然是马上得来天下，但不能从马上治理天下，现在陛下有治理国家的重任在肩，又何必以斩杀野兽为乐、和野兽比蛮力为荣。

唐太宗听了，有所醒悟，重赏了唐俭。不过，李世民这狩猎的"瘾"还是没有改变，大臣虞世南专门苦口婆心地写了一封奏章劝谏。还有一次太宗出郊打猎，突遇暴雨，油布做的雨衣也无法抵御，淋得太宗浑身湿透。于是问身边的谏议大夫谷那律："有什么好办法，能让雨衣不渗雨呢？"谷那律一本正经地说："用瓦来做雨衣，就不会漏雨了！"太宗听了一愣，随后才明白他是劝谏自己少出门打猎，待在红砖碧瓦的皇宫里，当然没有淋雨之虞。太宗当时也是嘉赏了此人。不过从史实看，太宗戒打猎的"瘾"，就像现在的烟鬼戒烟一样："有什么难戒的，我都戒了好多次了！"

长孙皇后临终时还是劝告李世民："省作役，止游畋，妾虽没于九泉，诚无所恨。"——少征役民夫大兴土木，不要再打猎，要是能这样的话，妾身在九泉之下，也没有什么好担心的了。

从另一个角度看，让长孙皇后死前还惦记着，由此可见，李世民打猎的"瘾"还是很难根除的。

其实，作为皇帝，任何的爱好痴迷过度，都会对治国理政有着不良的影响。像宋徽宗喜欢书画，应该是清雅之事吧，过度沉迷一样荒废朝政。

打猎这件事，其实能锻炼体魄，增强武力，是一项积极有意义的军体活动。像宋代重文轻武，文臣们对打猎这种活动进行了抵制，以至于从宋仁宗开始，"其后以谏者多，罢猎近甸，自是，终靖康不复讲"——皇帝不再进行打猎的活动，但正是因为如此，使得宋朝缺乏了尚武精神，后来面对蛮族的入侵，只有被动挨打的份儿，著名的段子就是："金有狼牙棒，宋有天灵盖。"

▶ 元　刘贯道《元世祖出猎图》

其实，这样的苗头，在中唐时就出现过。韩愈就曾经劝说他的上司节度使张建封不要经常狩猎，他的理由很怪，说人的五脏六腑在体内也未必"装"得结实，整天在马上颠簸，会把脏腑晃坏的。但张建封根本不听他的，韩愈因此极为郁闷。但到了宋代，重文轻武的舆论势力越来越强大，于是打猎也成了罪过，汉人的勃勃血性也在这个过程中被慢慢消磨掉了。

盛唐之时，人们的理念完全不是这样，比如诗仙李白，就写过《秋猎孟诸夜归置酒单父东楼观妓》一诗，其中描绘道："骏发跨名驹，雕弓控鸣弦。鹰豪鲁草白，狐兔多肥鲜。邀遮相驰逐，遂出城东田。一扫四野空，喧呼鞍马前。归来献所获，炮炙宜霜天。出舞两美人，飘摇若云仙。留欢不知疲，清晓方来旋。"

正值狐兔们的秋肥之季，天气凉爽。大伙骑着骏马，拿着雕弓，架着凶猛的苍鹰，出城打猎。一时间四野的鸟兽被捕猎一空，众人的欢呼声、吆喝声盈于四野。日暮时分，大家架起火来，把得来的野兽就地烧烤。在这寒冷的霜夜中，点起火堆，吃喷香的烤肉，还是别有一番情趣的。喝酒吃肉之余，还有两个美人出来歌舞助兴，大家狂欢不倦，直到天明后才兴尽回城。

李白这首诗，虽然写得不如王维的"风劲角弓鸣，将军猎渭城。草枯鹰眼疾，雪尽马蹄轻"更轻快俊爽，也不如苏轼的"左牵黄，右擎苍，锦帽貂裘，千骑卷平冈"更显得有声势，但却实实在在地全面写出了唐代人游猎时的娱乐过程，较之王维、苏轼之作所突出的"正能量"因素，李白这首诗纪实性更强一些，丝毫不加矫饰，却把古人的畋猎之乐，说得明明白白。

不过，这游猎之乐，也正要一些雄健能武之人才引以为乐，试想如果是文弱的人，手无缚鸡之力，拉不开硬弓，骑马都怕摔，更别提会遇上熊罴猛虎之类，哪里会将打猎当好玩的事儿？只有自己孔武有力，箭无虚发，马如闪电，在众人面前称雄，获取猎物多，才有很强烈的愉悦感吧。

宋代之前，人们普遍尚武，就连女儿家也骑马打猎，不让须眉，南北朝民歌有："李波小妹字雍容，褰裙逐马如卷蓬，左射右射必叠双。妇女尚如此，男子安可逢！"

清朝开国后，满族皇帝为了让子孙不要忘记武备，划定了规模最大的皇家猎场，也就是位于现在承德北面的木兰围场，每年秋天都要组织大规模的围猎活动，这就是"木兰秋狝"（《左传》中把不同季节的打猎称为春蒐、夏苗、秋狝、冬狩）。

▲ 清　佚名《乾隆皇帝一箭双鹿图》

▲ 元（明）佚名《人马图》

　　不过，随着清朝由盛到衰，天下承平日久，最终"木兰秋狝"也渐渐废止。清朝的贵族子弟也慢慢提笼架鸟，不再以打猎为乐，从《红楼梦》中的描写也能看出来，不但纨绔子弟贾宝玉没有过一次打猎的经历，就连好打架的神武将军之子冯紫英也不喜欢这个事情了，他说："可不是家父去（打猎），我没法儿，去罢了。难道我闲疯了，咱们几个人吃酒听唱的不乐，寻那个苦恼去？"——由于老爹冯唐喜欢打猎，冯紫英才不得不陪着，但内心中，也并不以此为乐趣，反而视为苦恼了。

　　不过，我觉得打猎还是一项很有乐趣的游戏，一味地享受安逸，其实也并不快乐。正像现在有很多的"驴友"们不辞劳苦，去四处探险一样，打猎是一项有益身心、能强健体魄的活动。正如活了93岁的四川军阀杨森所说："打牌、打麻将，壮人也会打死；打拳、打球，弱人则能打壮。"

烟波闲钓

前面说了，道家的始祖老子在《道德经》中把打猎称为丧失心智的堕落行为，然而同样是猎杀生灵、获取食物的钓鱼这一行为却得到了大家的肯定，像《庄子》中就这样说："就薮泽，处闲旷，钓鱼闲处，无为而已矣。此江海之士，避世之人，闲暇者之所好也。" 究其原因，大概是道家觉得钓鱼能够修身养性，契合"一动不如一静""清静无为"的观点吧。

后来有了姜太公在渭水用直钩钓鱼遇得文王的故事，又有严子陵辞让高官厚禄，甘于披一破羊裘，在富春江耕读垂钓。这两位名人一加持，使得钓鱼这一活动的格调更高了。手把一竿，临水而钓，不是隐士，就是高人。

钓鱼不是一件急功近利的事情，越是想快速得鱼，越不容易钓得到鱼。它容不得烦躁，空钩会告诉你不会控制情绪的结果。从这方面看，它又是一项心性的修行，让你学会淡泊和从容。

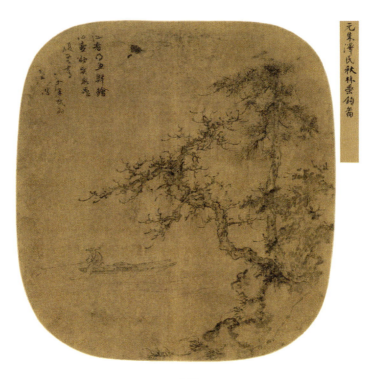

▶ 元　朱德润《秋林垂钓图》

钓鱼，从本质上说就是一种休闲活动，真正捕鱼的话，不能坐那里垂钓，不然一天钓上那几条，非饿死不可。渔夫们都是用撒网捞鱼。正所谓"醉翁之意不在酒，在乎山水之间也"，钓鱼所获得的，并非是篓里的那几条鱼，而是钓鱼这个过程本身带来的乐趣。

所以，一般钓鱼者是志不在鱼的，虽然鱼儿上钩也给钓鱼者以极大的快乐和兴奋，但这并不是主要的目的。北宋僧人惠洪《冷斋夜话》中说，有个叫船子和尚的人经常泛舟湖上，有偈曰："千尺丝纶直下垂，一波才动万波随。夜静水寒鱼不食，满船空载月明归。"载月而归，无意得鱼，这风范才是世外高人。

晚唐逸人吕从庆于唐朝灭亡之后，隐居安徽，自号丰溪渔叟。从这个别号看，钓鱼就是他最大的爱好，他有一首诗（《钓鱼》）这样写道：

> 侵晨出门去，道遇村阿婆。问我一竿竹，得鱼日几何？
> 我志不在鱼，毋问寡与多。行行至矶侧，卸我青草蓑。
> 落花向我舞，啼鸟向我歌。旁有垂杨枝，迎风翻阿那。
> 我意殊自得，翛然眠绿坡。仰视霄汉间，还以永吟哦。

村口的老婆婆遇到他，就问你这一支小鱼竿，一天能钓几条鱼啊？诗人说我志不在鱼，你就别问是多是少了。然后写了钓鱼时的情景（这才是诗人心中所属）：走到石矶之畔，把青草编成的蓑衣放下，此时有落花飞舞盈怀，啼鸟婉转而歌。然后垂杨拂地，迎风翻舞，我在这样的美景之中，已忘了钓竿上有没有鱼上钩，而是悠然睡在青草坡上，醒来仰观云天，归来后吟诗一首。

这种日子，想来很是快意，无怪乎吕从庆在那个医学水平极不发达的时代，竟然活了九十七岁，即便放在今天，也可谓是长寿之人。

《西游记》中有一处闲笔，第九回时插了一段渔樵之间的对话，吐露了作者对幽居山林、归隐江湖的向往。两人唱和的诗词很多，这里只选一首有代表性的《临江仙》：

> 潮落旋移孤艇去，夜深罢棹歌来。蓑衣残月甚幽哉，宿鸥惊不起，天际彩云开。　困卧芦洲无个事，三竿日上还捱。随心尽意自安排，朝臣寒待漏，争似我宽怀？

另个还有"笑傲江湖打哄"一词，是金庸武侠《笑傲江湖》书名的来源。其所言的"江湖"，其实不但指辽阔的江面和湖面，也是指远离朝廷统治、官吏们的管束所达不到的地方。所以，"垂钓江湖"往往意味着超脱和自由，代表了一种逃离名利场的简单生活。像杜荀鹤诗中所说："画戟门前难作客，钓鱼船上易安身。"就是说"画戟门"（代指官府衙门）实在不好混，门难进、脸难看，要具备满腹心机，戴上诸多面具，而归隐江湖钓钓鱼，这才是我易于安身的舒适区。当然，作为代价，要放弃荣华富贵。

但是有些时候，这荣华和权位，也不是想放弃就能放弃的，南唐后主李煜曾写过："浪花有意千重雪，桃李无言一队春。一壶酒，一竿身，快活如侬有几人。"又有"一棹春风一叶舟，一纶茧缕一轻钩。花满渚，酒满瓯，万顷波中得自由"等感叹。然而最不愿做皇帝的李煜，却被命运推上了皇位，最后成为亡国之君，当他被深锁于寂寞梧桐院落之中时，想逃脱牢笼，做一个自由自在的渔翁，已经是难以实现的奢望。所以有时想想，最尊贵者也未必如普通人自由。

► 清 髡残《山水册》

119

"千山鸟飞绝，万径人踪灭。孤舟蓑笠翁，独钓寒江雪。"这是柳宗元的千古佳作，诗中以一寒江独钓的渔翁意象，抒发了自己的孤高自许之情。然而，在现实中，冬钓时酷寒难耐，自个儿就先受不了长时间的受冷风吹，且冬季鱼儿也怕冷，潜入深水中不怎么游动，也不想吃食，要想它上钩可是难得多。因此，冬季钓鱼偶尔在暖日向阳之处方可有所获，像诗中那样寒江独钓，基本上是艺术形象。

钓鱼最好的季节，就是春秋两季。夏季炎热，多有蚊虫，且夏季水中养分丰富，鱼儿食物极多，不怎么喜欢我们下的那些饵料，表层的水温太高，鱼儿也会潜游在水底，所以不如春秋两季。

和风拂柳、绿草如茵、花香醉人的春天，持一钓竿，独坐春水之畔，本身就是一件极其享受的事。唐代储光羲诗"垂钓绿湾春，春深杏花乱。潭清疑水浅，荷动知鱼散。日暮待情人，维舟绿杨岸"，正是描写春天钓鱼的情景。清人胡挺在《西湖竹枝词》一诗中也写道："淡云疏雨杏花天，荇菜参差带绿烟。渔丝荡舟断桥北，丝亘收罢小星悬。"当然，大家更为熟知的是张志和的那首："西塞山前白鹭飞，桃花流水鳜鱼肥。青箬笠，绿蓑衣，斜风细雨不须归。"

秋天之时，金风飒爽，黄叶纷飞，芦花似雪，落霞鲜明，真似一轴天然江山图，此时把竿而钓，岂非人间乐事？

元代作家乔吉写过一首很长的词《满庭芳·渔父》，其中描绘的秋钓之景，很是令人欣羡："秋江暮景，胭脂林障，翡翠山屏。几年罢却青云兴，直泛沧溟。　卧御榻弯的腿疼，坐羊皮惯得身轻。风初定，丝纶慢整，牵动一潭星。"明代许炯也有诗："万里沧波带白沙，渔舟风起钓丝斜。沧边秋色无人管，半属芦花半蓼花。"

这样的美景不是网上充值才能观看的视频，它是天公赐予，不用钱买，唯有闲情逸致的人才能领略、才能拥有。想我们终日忙于钢筋水泥的丛林之中，即使身处杭州、苏州这样的湖光山色之地，又有多少闲情能够来到水畔，看秋水长天，闲钓江潭呢？

古人垂钓，虽然钓竿、钓线乃至饵料之类，都远不如现代的丰富和精致，但有一个明显的优势，那就是安静、安心，不会被打扰。而现代人，却常常被刺耳的电话声搅扰了这静处山水间的闲情逸致。古人一去山水之间，就彻底脱离了尘世的嚣扰，免去剥啄（指敲门声）之烦，但现代人有了手机这一通信工具，却时时处于无法安心的境地，钓鱼也不能像古人那样悠闲了。

南来黄鸟坐林深
江美鱼肥
霜柏何须未考
不如敢徐
雪松居士

金秋

▲ 明 姜希孟《独钓图》

▲ 明　沈周《垂钓图》

不过，我们还是可以享受一下这钓鱼之乐。找一个空闲之时，在水边，找好钓位，准备好渔具，挂上饵料抛竿入水，一切都显得那么自然舒畅。在此刻，对垂钓者们来说，心中也就只有钓鱼这一件事了，什么烦恼、压力、苦闷早就被抛到一边去了。稳坐钓鱼台，静观浮漂，心无杂念，心中之喜溢于言表。一竿在手怡然自得，垂钓于碧波之上，神游于天地之间，得山水之灵气。正如沈佺期诗中之景："朝日敛红烟，垂竿向绿川。人疑天上坐，鱼似镜中悬。"

钓鱼最大的乐趣就是能够在这个过程中放空自己，将生活中的忧愁烦恼暂时抛在一边，体会到大自然的魅力，亲近自然，享受一份宁静、安然、惬意。

钓鱼能够让我们暂时忘却世间的纷纷扰扰，远离闹市的灯红酒绿，寻一个安静的空间，让那碧波中的涟漪溶解掉心中如岩盐一般苦涩的块垒，甩出那支钓竿，用钓线来丈量心中的欲望与淡泊之间的距离。

唐代诗人李郢有一首诗，叫人不得不羡慕："小男供饵妇搓丝，溢榼香醪倒接䍦。日出两竿鱼正食，一家欢笑在南池。"这一家人无忧无虑的生活情景，真让人想穿越到那个时代，也做一个终日无尘念相扰的渔翁，过这样的简单生活。不要豪车名宅，不要权位利禄，只是每日享受这样单纯质朴的快乐。正如乔吉在《满庭芳·渔父词》小令中所道：

扁舟棹短，名休挂齿，身不属官。船头酒醒妻儿唤，笑语团圞。　锦画图芳香水暖，玉围屏雪急风酸。清江岈，闲愁不管，天地一壶宽。

✿ 重阳醉菊

古人很重视每个与月份数相同的日子（尤其是单月），往往将其过成节日，比如正月正（春节）、二月二（龙抬头）、三月三（上巳节）、五月五（端午）、七月七（七夕）、九月九（重阳）。

九，在古人的数字观念中有着崇高的地位。九，往往代表着极致，是个最大值，所以九月九日，是一年中殿后的一个隆重节日，故亦称"暮节"。不过，值得一提的是，虽然有"暮节"之称，但是旧时却没有"老人节"一说，这是在1989年新设定的，古人根本没有这一概念。

《易经》中把数字"九"定为阳数，而九月九日，正逢两个阳数相叠，所以称为"重阳"。重阳节是一个飒飒金风中的节日，是一个硕果累累的节日。这个日子，染着菊花的香气，披着轻寒的薄霜，浸着醇洌的美酒，载着残阳中回味不尽的厚重心事。

公元690年的重阳节，即天授元年的九月九日，武则天改唐为周，登基称帝，中国出现了空前绝后的一位女皇帝。据说"有凤皇自明堂飞入上阳宫，还集左台梧桐之上，久之，飞东南去；及赤雀数万集朝堂"。由此可见，虽然也有重阳登高避凶的传说，但重阳节这个日子在古代也被认定为是良辰吉日。

重阳节习俗中不可缺少的重要活动，就是登高望远。天高云淡、红叶满山的重阳时节，约两三好友，携酒登上巍巍高山，一抒胸臆，一展眼界，自然是赏心乐事。

但是有时候看到天高地迥，不免兴尽悲来，觉宇宙之无穷，叹人生之短促。比如春秋时齐景公登上牛山，俯视流水，突然间伤感流泪，意识到人的一生，就是逐步地迈向死亡，生命如水一般流逝不停，永不再回。

然而，如果看开一些，就不会像齐景公一样胸怀不畅了。像杜牧在《九日齐山登高》就说过："江涵秋影雁初飞，与客携壶上翠微。尘世难逢开口笑，菊花须插满头归。但将酩酊酬佳节，不用登临恨落晖。古往今来只如此，牛山何必独沾衣。"

是啊，人生在世，本来就苦多乐少，再一味想不开心的事，那就更加抑郁了，还是今朝有酒今朝醉的好。

　　"独在异乡为异客，每逢佳节倍思亲。遥知兄弟登高处，遍插茱萸少一人。"这是王维一首广为流传的诗。重阳佳节，旧时习俗有头插茱萸或佩戴茱萸香囊的做法。茱萸是一种药材，也可以当作调料在汤面中使用，但有了辣椒后，茱萸就被取代了。由于茱萸具有一定的治寒驱毒的效果。因此，故老相传佩戴茱萸能起到辟邪去灾的功效。

　　相传重阳节习俗源于一个传说。东汉时，有个叫桓景的人向仙人费长房学习道术。一天，费长房对桓景说："九月九日那天，你们全家会有灾祸降临，破解的办法是叫家人都做一个锦囊，里面装上茱萸，缠在手臂上，全家人出去登高山，饮菊花酒。"于是九月初九这天，桓景一家人照此而行，傍晚回家一看，家中的鸡犬牛羊都已离奇死亡，全家人却得以躲过一劫。于是，以后每逢重阳节，人们就合家登高赏菊，头插或身佩茱萸以求平安。

　　赏菊，也是重阳节的一个重要活动。重阳时值深秋，正是"碧云天，黄花地，西风紧，北雁南飞"的时候，有道是："九日重阳节，开门有菊花。"据记载，宋代人们就已经培育出多种多样、异彩纷呈的菊花，像黄色的有"大金黄""佛头菊""金墩菊""金铃菊""御袍黄"等，白色的有"金盏银台""楼子佛顶""玉盘菊""万铃菊""荼蘩菊"等，杂色红紫的有"十样菊""桃花菊""芙蓉菊""孩儿菊""佛顶菊"等。

▼ 清　陈枚《月曼清游图·重阳赏菊》（局部）

到了明代，菊花的品种就更丰富了，《金瓶梅》中写西门庆家过重阳节时："原来松墙两边，摆放二十盆，都是七尺高，各样有名的菊花，也有大红袍、状元红、紫袍金带、白粉西、黄粉西、满天星、醉杨妃、玉牡丹、鹅毛菊、鸳鸯花之类。"可见赏菊的习惯并非只是名门望族，或是陶渊明这样的志洁高人才有，就连西门庆这样的土豪也附庸风雅，重阳赏菊已成为常见的民俗。

▶ 清 邹一桂《菊花》

正所谓"东篱把酒黄昏后"，有菊有酒，才是重阳滋味。所以，宋代的王十朋用前人的一句"满城风雨近重阳"补成这样一首诗："满城风雨近重阳，准拟登高尚渺茫。会见明朝天气好，不教孤负菊花黄。"

《红楼梦》曾经浓墨重彩地描写了大观园里的重阳节情景，其中观赏菊花并吟题诗句是个重要环节，正如书中所说："起首是《忆菊》；忆之不得，故访，第二是《访菊》；访之既得，便种，第三是《种菊》；种既盛开，故相对而赏，第四是《对菊》；相对而兴有余，故折来供瓶为玩，第五是《供菊》；既供而不吟，亦觉菊无彩色，第六便是《咏菊》；既入词章，不可不供笔墨，第七便是《画菊》；既为菊如是碌碌，究竟不知菊有何妙处，不禁有所问，第八便是《问菊》；菊如解语，使人狂喜不禁，第九便是《簪菊》；如此人事虽尽，犹有菊之可咏者，《菊影》《菊梦》二首续在第十第十一；末卷便以《残菊》总收前题之盛。这便是三秋的妙景妙事都有了。"

看，如此赏菊吟菊，可谓周全尽致了。

当然，对吃货们来说，重阳节的菊香不如蟹肥。《红楼梦》诗中也说："长安涎口盼重阳"，盼的就是大螃蟹。重阳前后，秋风乍起之时，湖中的秋蟹最好，雄蟹只只饱满，雌蟹只只膏肥。明代唐寅有诗："左持蟹螯右持酒，不觉今朝又重九。"吃蟹宜喝一些温热的黄酒，更添不少的滋味。

《红楼梦》中写："凤姐吩咐：'螃蟹不可多拿来，仍旧放在蒸笼里，拿十个来，吃了再拿。'"由此可见，《红楼梦》中的螃蟹吃法和我们现在差不多，就是直接上笼清蒸。而《金瓶梅》所写的却是另一种吃法："西门庆令左右打开盒儿观看，四十个大螃蟹，都是剔剥净了的，里边酿着肉，外用椒料、姜蒜米儿，团粉裹就，香油炸、酱油醋造过，香喷喷酥脆好食。"这种吃法，看起来滋味更丰富了，只不过会不会把螃蟹肉做成蒜香炸鸡的味道呢？

民国名医施今墨曾将蟹按味分为六等：一等湖蟹，二等江蟹，三等河蟹，四等溪蟹，五等沟蟹，六等海蟹。但由于古代湖蟹难以运输，不容易存活保鲜，所以如果地处北方干旱地区的话，就很难有此口福了。而现在我们借助发达便利的冷藏保鲜条件以及快捷的运输，于千里之外都能吃到阳澄湖的大闸蟹，按说重阳节应该比古人过得更幸福才是。

飒飒秋风，红叶满山，菊花霜染，寥廓云天，这是重阳节时的难得景致。每当秋天来临的时候，我们总是会思绪万千，渐一番风，一番雨，一番凉，试问"人生几度秋凉"？ 重阳节留在我们记忆里的，是那霜中的菊花香蕊，是那山上的清冷云气，是浓如陈年老酒的厚重心事。

身处繁华都市辉煌的灯火中，忙于现代社会紧张的节奏里，我们往往漠视了时光的流转、光阴的变迁。百味杂陈的重阳佳节，对我们来说，也是别有一番滋味。

▲　宋　佚名《荷蟹图》

❀ 访胜怀古

　　"人事有代谢，往来成古今，江山留胜迹，我辈复登临。"相比现代人追求热闹的旅游，古人更着意于发怀古之幽情。

　　怀古，给人们带来的往往是淡淡的忧伤和深深的感慨。然而，正是这种滋味，能让人们的酒兴更浓、游兴更盛。正如现在如果我们踏入故宫之后，眼中只有砖瓦木石，而不知明清两朝接近六百年的风雨沧桑和世事变幻的话，那故宫和粗制滥造的影视基地也没什么太大的区别了。

　　"江山留胜迹，我辈复登临"一句，出自孟浩然的《与诸子登岘山》。岘山又名岘首山，在湖北襄阳，我曾经登过。单就自然形态而言，此山平平无奇，无泰山之雄伟、黄山之奇峻，但却因为不少古代名人的描述，让人有心驰神往、渴欲一游之感。

　　最早让此山闻名的是三国时的名士羊祜，孟浩然诗中意境便是提炼他登临此山时的感叹而成："自有宇宙，便有此山，由来贤达胜士，登此远望，如我与卿者多矣，皆湮灭无闻，使人悲伤。"当年齐景公游牛山，北望他的都城，也是感慨流泪道："若何滂滂去此而死乎！"

　　虽然大多数人对羊祜持肯定态度，而对齐景公颇多嘲笑："景公一何愚？牛山泪相续。"（李白）"古往今来只如此，牛山何必独沾衣。"（杜牧）但我却觉得齐景公虽然有昏庸奢侈之举，但这时候的感叹，却是和羊祜之叹并无太多分别的。

　　登在很多名山的石阶上，我常常会想：不知有多少古人也曾经一样地从这上面踏过，当时他们的心绪是悲是喜，他们是孤单一人还是呼朋唤友，都无从知晓。所以，一切的鸡虫得失、一切的蜗角虚名，都会付之淡然一笑。所以，每一次访胜怀古，都是一次极佳的精神洗礼。

　　南京，这座在唐朝时就经历了六朝沧桑的古都，是许多诗人笔下的凭吊之所。当李白来到城西北的谢安墩时，心中荡起的是对当年王羲之和谢安这两位风流名士的向往："冶城访古迹，犹有谢安墩。凭览周地险，高标绝人喧。想象东山姿，缅怀右军言……"而到了中唐时期的刘禹锡，笔下的诗句，就多了几分

▶ 明　陈继儒　《云山幽趣图》

的沧桑感叹："朱雀桥边野草花，乌衣巷口夕阳斜。旧时王谢堂前燕，飞入寻常百姓家。"晚唐时期的韦庄，更是多了几分末世的空幻和悲凉："江雨霏霏江草齐，六朝如梦鸟空啼。无情最是台城柳，依旧烟笼十里堤。"

当然，最具总结性的诗词，我觉得当属元代萨都剌这首《念奴娇·登石头城次东坡韵》：

石头城上，望天低吴楚，眼空无物。指点六朝形胜地，惟有青山如壁。蔽日旌旗，连云樯橹，白骨纷如雪。一江南北，消磨多少豪杰。　寂寞避暑离宫，东风辇路，芳草年年发。落日无人松径里，鬼火高低明灭。歌舞尊前，繁华镜里，暗换青青发。伤心千古，秦淮一片明月。

长安，这座铭刻着汉唐两代风华的古都，也是很早就被文人墨客们追忆的执念。尚在初唐时期，卢照邻的《长安古意》就发出这样的感慨："节物风光不相待，桑田碧海须臾改。昔时金阶白玉堂，即今唯见青松在。"当时的长安城还没有衰败，繁华一点也不输于汉代，而到了晚唐，由于朱温的毁坏，长安城一片荒圮之景，再没有繁华之态了，只剩下西风残照，汉家陵阙了。宋代的康与之这首《诉衷情令·长安怀古》，其中的怀古之情，想必是后世文人的共鸣吧：

阿房废址汉荒丘。狐兔又群游。豪华尽成春梦，留下古今愁。
君莫上，古原头。泪难收。夕阳西下，塞雁南飞，渭水东流。

所以，等我辈有暇出游时，不妨多看一些真正的名山胜景，亲手摸摸黄土下历史沉淀层的剖面，嗅闻五千年沧桑风雨的气息，会得到更多的精神享受。

当我们泛舟西湖时，请想到明净如玉的湖水旁，那花明柳媚的长堤上，曾经留下白居易的背影、苏东坡的笑语。那卷起莲叶，倾洒露珠的荷风，可曾吹起过苏小小油壁香车的帘幕？那孤山的梅径，是否还残留着林逋的脚印？来到雪中寂寞的湖心亭，我能否在时空交错中遇见拥炉对雪的张岱？

当我们登临泰山时，请想到那俯临千嶂的岱顶上，那蜿蜒陡峭的盘道上，曾经走过秦始皇的銮驾、唐玄宗的车辇。那浩荡而来，吹散云朵的罡风，可曾吹走诗圣杜甫醉后写就的诗稿？那后山的雪径，是否还有着黄巢扎营的痕迹？来到落叶萧萧的灵岩寺，我能否领略到王世贞所提到的"妙处"（游泰山不至灵台不成游也）？

当我们踏上长城时，请想到那巍峨的烽火台上，那坚固的箭垛后，曾经经受过虏骑的炮火、浸透过将士的热血。那绵绵生长的青草，其中埋下了多少征人的白骨？那一块块砖石，又承载了多少征夫离妇的血泪？踩在这条巨龙的背上，傲视这朗朗乾坤，是有着帝王们的豪情，还是有着哲人的悲悯？

我觉得，访胜怀古，虽然四季皆宜，但最适合在晚秋时分。天高云淡，落叶萧萧，秋草衰黄之际，来到这些历史烟云氤氲弥漫的地方，就仿佛进入了一道时空的长廊里，又好像打开了一坛积存千年的美酒佳酿。

▼ 清　吴宏《燕子矶莫愁湖二景图》（局部）

听书看戏

　　听书看戏，也是古人十分喜欢的休闲活动。《鹿鼎记》中写韦小宝喜欢热闹，不像其他书中的隐侠那样，找个类似绝情谷、活死人墓那样的幽僻场所就能够容身。他要求的是有市井茶肆，尤其是有书听、有戏看、有热闹瞧。而且韦小宝没读过书，很多知识都是来自听书看戏，所听所得成了他的政治斗争经验。当他用书中、戏中学来的知识帮俄国公主夺了权后，感叹说："这次死里逃生，不但保了小命，还帮罗刹公主立了一场大功，全靠老子平日听得书多,看得戏多。"

　　其实，这并非完全出于小说家言，当年清朝开国将帅粗鄙无学，行军打仗的种种谋略，主要从一部《三国演义》小说中得来。小说、戏曲也给老百姓带来很大的影响，诸多形象深入人心，并且间接影响了人们的思维走向。

▼　明　仇英《清明上河图》（局部）

在以前没有电视的年代，人们对听书听戏的渴求是现代人难以理解的。在20世纪80年代初，刘兰芳、单田芳、袁阔成的评书盛行一时，当时没有电视，从收音机里听到评书中的故事，就是人们最好的精神享受。三国人物、隋唐英雄、杨门女将的故事，都在评书中给人们以启蒙。而且评书有一个好处，就是可以发挥自己的想象力，比如穆桂英的模样，由于没有影像记录，所以正如"一千个读者就有一千个哈姆雷特"，大家会把心目中最完美的女英雄的相貌投射到她的身上。

评书在北宋年间，就极为盛行了。当时的东京汴梁，有很多的勾栏瓦舍，有着各种各样的说书人。《水浒传》第九十回，曾写李逵和燕青溜到东京城里看灯：

来到瓦子前，听的勾栏内锣响。李逵定要入去。燕青只得和他挨在人丛里，听的上面说评话。正说《三国志》。说到关云长刮骨疗毒……正说到这里，李逵在人丛中高叫道："这个正是好男子！"众人失惊，都看李逵。燕青慌忙拦道："李大哥，你怎地好村！勾栏瓦舍，如何使得大惊小怪这等叫！"李逵道："说到这里，不由人不喝采。"燕青拖了李逵便走，两个离了桑家瓦。

由此看来，连李逵这样的百分百文盲加老粗都能听得入神，说书人的粉丝绝对是数量极多了。《水浒传》第五十一回中，也是说："……近日有个东京新来打踅的行院，色艺双绝，叫做白秀英。那妮子来参都头，却值公差出外不在。如今见在勾栏里，说唱诸般品调。每日有那一般打散，或有戏舞，或有吹弹，或有歌唱，赚得那人山人海价看。"当时演出的场景是：

只见门首挂着许多金字帐额，旗杆吊着等身靠背……院本下来，只见一个老儿裹着磕脑儿头巾，穿着一领茶褐罗衫，系一条皂绦，拿把扇子……锣声响处，那白秀英早上戏台，参拜四方；拈起锣棒，如撒豆般点动。拍下一声界方，念了四句七言诗……说了开话又唱，唱了又说，合棚价众人喝采不绝。

当时的小县城里都对这样的曲艺形式十分热爱，足以说明这是一件当时平民百姓也能够享受到的事情。当然，这些"送戏下乡"的团队往往良莠不齐，不乏一些草台班子。就像鲁迅先生社戏里的情景，老旦咿咿呀呀地唱，铁头老生连筋斗也懒得翻。不过，这仍旧不乏看客来捧场。

　　至于像《红楼梦》中描写的那种大富之家，逢年过节，都要戏班子来唱戏，而且还能够像点菜一样点播剧目。书中第二十二回，因为是给宝钗过生日，所以贾母坚决要求宝钗来点戏。宝钗推让了一番，最后按照贾母这种老年人的喜好，点了《西游记》《鲁智深醉闹五台山》这种热闹戏文，以讨贾母欢心。

▲　清　孙温《红楼梦·贾府贾母八旬大庆》

　　而在第二十九回中，贾母到清虚观进香祈福，听说可以出门逛，又有戏看，于是小姐、丫鬟、媳妇、婆子们几乎是倾巢出动，乌压压地占了一街的车。这里点戏是在神前抽签点的："神前拈了戏，头一本《白蛇记》，第二本是《满床笏》，第三本是《南柯梦》。"贾母听了虽然心中不悦，但也不便说出来，因为《白蛇记》是建功立业，《满床笏》是荣华富贵，而《南柯梦》则是大梦一场空。这里就预示了贾府由盛到衰的命运。

　　当然，这一类的戏文都是贾母喜欢看的，一般的年轻小姐如林黛玉之类的，更喜欢《牡丹亭》《西厢记》这一类的爱情戏。但贾府里对"精神污染"控制得非常严，对这一类戏是禁绝的，所以宝玉、黛玉两人只能从戏文的字里行间来体验这些戏的妙谛。

　　第十九回，贾珍请宝玉去看戏，"谁想贾珍这边唱的是《丁郎认父》《黄伯央大摆阴魂阵》，更有《孙行者大闹天宫》《姜子牙斩将封神》等类的戏文，倏尔神鬼乱出，忽又妖魔毕露，甚至于扬幡过会，号佛行香，锣鼓喊叫之声远闻巷外"。

　　这样俗气热闹、牛鬼蛇神乱舞的戏，代表了贾珍的庸俗品位，但是这样的戏，却让满街之人个个都赞："好热闹戏，别人家断不能有的。"

　　但是贾宝玉却听不得这样的戏，看得很不耐烦，于是就逃出来，偷偷往花袭人家去串门了。应该说，这一类的热闹戏，大观园的众小姐们也是绝对不喜欢看的。正像现在的电视剧一样，不同的题材有不同的受众。像王熙凤过生日点的《荆钗记》，内容是钱玉莲误以为丈夫王十朋抛弃了自己，从而投江自尽的故事。结果贾母薛姨妈这些太太们，"都看的心酸落泪，也有叹的，也有骂的"。而林黛玉这样的小姐就没什么切身感受，还和宝钗打趣说："这王十朋也不通的很，不管在那里祭一祭罢了，必定跑到江边子上来作什么。"破坏看戏的严肃气氛，故而宝钗不言语，不应她的话。

　　正是因为听书唱戏的巨大魅力，所以一些名角儿的身价和收入都令人咋舌。民国时期，京剧名家们堪称日进斗金。据当时《京报》记载报道，且不说一线大"角儿"，就是二三线搭班子的唱一出戏也要10～20块现大洋。最底层跑龙套的出来露一下脸也能拿到两三块钱。要知道，民国时期一块大洋大约相当

▼　宋　佚名《二郎神搜山图》

135

于现在 500 块钱左右，所以《大宅门》里，白七爷"纵驴行凶"，让驴子吃了包子铺 8 笼包子，后来甩出一块大洋，就让包子铺老板转怒为喜。因为一个包子最多两块钱，8 笼包子也就 200 来块钱，白七爷这还多给了一倍呢。

当时的名角如谭鑫培， 1912 年到上海唱堂会，一个月包银竟高达 1 万块大洋。1915 年再到上海演出 10 天，报酬为 8000 大洋，比现在明星们的天价片酬，也毫不逊色。

如今由于海量视听资源的存在，听评书、看大戏这样的需求，远不如古人强烈。从影视作品中获得愉悦感的阈值也是越来越高，多年前像《侏罗纪公园》那样的电影，用了一些相对逼真的特效，就让人们欢喜赞叹，但现在都是不值一哂的雕虫小技；《英雄》里万箭齐发的特效其实也就一般，但当时人们看了却觉得惊艳。

在古人的娱乐节目中，听书看戏是不可或缺的一环。他们闲来无事，到茶馆里一坐，瓜子磕着、香茶喝着，听说书先生讲上一段，听得心驰神往；或是戏院包厢里，倚红偎翠，摆上瓜果点心，看一场大戏，都是神仙般的滋润日子。

▲ 清　徐杨《姑苏繁华图》（局部）

🏵 焚香静处

"芭蕉叶上秋风碧，晚来小雨流苏湿。新窨木樨沈，香迟斗帐深。"这是南宋文人朱敦儒写下的词句。

人们往往会因物候的变化而心生感触，轻寒薄雾，凉风乍起，在这样的天气中，人们在古铜器里焚一炉香，让自己的心沉静下来，让红尘俗事都沉淀在心底。

▶ 南宋 李嵩《焚香祝圣图》

古人说："焚香点茶，挂画插花，四般闲事，不宜累家。"这里只说挂画插花，其实在弹琴时，古人往往焚香而弹，现存的宋徽宗所作的名画《听琴图》里赫然画着一个木几，上面放着一尊香炉，由此可作为古人焚香弄琴的确凿证据。

看书时，古人也喜欢焚上一炉香。大诗人陆游读李商隐的诗集时，是"焚香闲看玉溪诗"。

当然，弹琴读书是为了静心，焚香也是为了静心，就算一事不做，也是一种情趣所在。明代著名学者王世贞说："日扫一室，净几明窗，焚香燕坐。"

陈与义有《烧香》一诗，写出静坐焚香的感受："炉香袅孤碧，云缕飞数千。悠然凌空去，缥缈随风还。"大有超然物外，怡然自若之意。

焚香被视为风雅之事，古已有之。《周礼·秋官》中就存在有关焚香的记载，当时是"莽草熏之""焚牡菊，以灰洒之"，多用来驱虫辟邪或者是祭祀。

大约到了汉代，人们就开始更看重焚香时产生的气息了，也渐渐将焚香引入室内。所以，有名的博山炉也应运而生。汉代以前的香炉大多粗糙简陋，没有盖子，焚香时烟气腾腾，不宜在室内使用。而博山炉用青铜或陶瓷制成，上有炉盖。炉盖上一般制作有重峦叠嶂的山峰，仿佛是传说中的海上仙山"博山"，故名"博山炉"。

北宋吕大临曾记载："香炉像海中博山，下盘贮汤使润气蒸香，以像海之四环。"这样设计使得烟火不至于呛人，却有余香袅袅的效果。

后来除了博山炉外，还有狮子形状的铜香炉，燃香之后，香烟就从狮子口中缓缓冒出。其实，这个铜兽应该称为狻猊，传说是龙的九子之一，形似狮子，排行第五，平生喜静不喜动，好坐，又喜欢烟火。但正如人们经常把赑屃叫作乌龟一样，人们还是习惯把它称为狮子。唐代秦韬玉诗中就有"地衣镇角香狮子"，因为铜狮香炉很重，所以用来压住地毯的四个角——唐时，人们习惯在地上坐的。李清照词中的"瑞脑消金兽"，"金兽"也是指这种狮子状的香炉。

此外还有其他的动物形状，如鸭炉、鸳鸯炉，更适宜闺阁中的女子所用，如晏几道《浣溪沙》词"床上银屏几点山，鸭炉香过琐窗寒"就是写鸭炉。

到了明代，出现了当今古玩界备受推崇的宣德炉。有人称赞这种铜香炉为天地间精美绝伦的古董，这里为免跑题，就不展开来说了。

为了节省空间，延长燃烧时间，正如现在的蚊香做成盘状一样，古人往往将香用模具压制成弯弯曲曲的一大盘，看起来类似篆文的模样，尤其类似古人官印上用的"九叠篆"，所以这种香被称为"香篆"或"篆香"，也叫"香印""香拓"。而我们现在常见的一根根小棍似的"线香"，出现得倒更晚一些。

"篆香"一词常见于古诗词中，比如秦观的"欲见回肠，断尽金炉小篆香"

就是一例。苏轼曾经在弟弟苏辙过生日时，送去一尊观音像，和一个新合印香银篆盘，并写诗道："一灯如萤起微焚，何时度尽缪篆纹。缭绕无穷合复分，绵绵浮空散氤氲。"描写的正是焚香时的情景。

宋代曾记载有一个《汉宫香方注》，"汉宫香方，郑康成注：沉水香二十四铢，着石蜜复汤鬻，寒水炭四焙之……闷以黄埜……今太官加蜜鬻，红螺加麝，外家效之以殊胜。"

就像很多人喜欢亲自下厨做菜一样，在宋代，亲手调香，也是当时生活的雅趣之一。陆游的《焚香赋》中曾说："暴丹荔之衣，庄芳兰之苴。徙秋菊之英，拾古柏之实。纳之玉兔之臼，和以桧华之蜜。"

到了明代时，人们所用的香料已是丰富多彩，毛晋撰写的《香国》中列出103种常用的香，有象藏香、牛头香、无能胜香、莲华岁香、阿庐那香、海藏香、净庄严香、净藏香、先陀婆香……这些听名字就像是在寺庙里供奉神佛点的香，比较生活化的则有沉水香、鸡舌香、丁香、龙脑香、檀香、安息香、蘼芜香、熏陆香、乳香、蜜香等等。

这里简略介绍几种古籍和诗词中最为常见的香种。

所谓沉水香，是沉香木植物树心部位受到外伤或菌类感染后，分泌出大量树脂，从而产生的具有浓郁香气的物质。因为这些物质密度很大，放入水中会沉底，所以称为"沉水香"或"沉香木"。

而鸡舌香，李时珍在《本草纲目》中曾引述唐代医学家陈藏器的解释说："鸡舌香与丁香同种，花实丛生，其中心最大者为鸡舌，击破有顺理，而解为两向，如鸡舌，故名，乃是母丁香也。"

其实公丁香、母丁香并不是雄蕊和雌蕊的区别，实质上是人们把丁香未开放的花蕾称之为公丁香，其形状如钉，圆头细身；而成熟之后圆腹大肚的果实，则称之为母丁香，这种最适合作香料。

而龙脑香更名贵一些，《隋书·赤土传》载，大业三年（607年），赤土国国王（位于现在马来半岛）派遣使节向隋炀帝献金芙蓉冠、龙脑香。龙脑香科的树木，生长在热带雨林，所以当时只有在婆罗洲（今加里曼丹岛）、马来半岛、苏门答腊岛三地才有出产，绝对是高档进口货，当然价钱不菲。

▶ 南宋 佚名《竹涧焚香图》

　　晚唐段成式在《酉阳杂俎》中对龙脑香的来源有过描述："龙脑香树，出婆利国，婆利呼为固不婆律。亦出波斯国。树高八九丈，大可六七围，叶圆而背白，无花实。其树有肥有瘦，瘦者有婆律膏香，一曰瘦者出龙脑香，肥者出婆律膏也。在木心中，断其树，劈取之，膏于树端流出，斫树作坎而承之。入药用，别有法。"

　　这里说婆律膏和龙脑香同出龙脑树，瘦树出龙脑香，肥树出婆律膏。但唐代药学家苏敬编的《新修本草》则说："婆律膏是根下清脂，龙脑是根中干脂。"

　　由于大唐和婆律（苏门答腊西海岸的一个村落）相距遥远，所以唐人对这些香料的制法也是道听途说而已，产生种种误解也不稀奇，就像外国人当年认为红茶和绿茶是两种植物所产一样。

　　龙脑香，又称瑞脑，李清照词"瑞脑消金兽"，指的就是这种香。它还有个别名，就是"冰片"，《本草纲目》中说龙脑香"以白莹如冰，及作梅花片者为良。故俗呼为冰片脑，或云梅花脑"。

《红楼梦》中的第二十四回，贾芸为了揽下大观园一些工程，给王熙凤送去了冰片、麝香等物，其中这冰片就是龙脑香。作为送给凤姐的行贿之物，当然要名贵才好，书中贾芸也说："若说送人，也没个人配使这些。"意思是普通百姓是没条件享受这种奢侈品的。

但正因为龙脑价格昂贵，所以才有了不法商贩用樟脑来冒充的现象。明末清初学者屈大均在《广东新语》中记载："龙脑香，出佛打泥者良，来自番舶，粤人以樟脑乱之。"

意思是说从南洋进口来的龙脑香，广东人为了牟取暴利，于是就掺假，用本地出产的樟脑混杂其中，就好像我们现在有商贩用巴沙鱼冒充龙利鱼一样。

还有一些香的名字很怪，不知道到底什么样子，如惊精香、飞气香、五色香、刀圭第一香、三勺煎香等。

至于九合香、百合香、千合香，是指把多种香料混在一块，类似杂烩菜一样，百合和千合未必真有成千上百种，只是说混杂的香料不少罢了。《红楼梦》中不止一次提到百合香：第十八回说元妃省亲时"园内各处，帐舞蟠龙，帘飞彩凤，金银焕彩，珠宝争辉，鼎焚百合之香，瓶插长春之蕊，静悄无人咳嗽"。第四十一回写刘姥姥醉后睡了宝玉的床，"（袭人）忙将鼎内贮了三四把百合香，仍用罩子罩上"。第五十三回写祭宗祠、开夜宴时，贾母的正室之中，"当地火盆内焚着松柏香、百合草"。

由于焚香时，不免会产生一些烟尘，有呛人之嫌，所以古人又发明了隔火熏香法，意思就是不用明火直接点燃，而是隔着一些耐火材料，用热量将香料中的香气慢慢蒸发到空气中。

唐代李商隐有一首诗叫《烧香曲》，其中说：

> 钿云蟠蟠牙比鱼，孔雀翅尾蛟龙须。
>
> 漳宫旧样博山炉，楚娇捧笑开芙蕖。
>
> 八蚕茧绵小分炷，兽焰微红隔云母。
>
> 白天月泽寒未冰，金虎含秋向东吐。

这里的"兽焰微红隔云母",其实说的就是隔火熏香之法,什么叫"隔火熏香"呢?那就是在香炉之中不直接点燃香料.而是用火烘烤薄薄的银片、云母片以及小瓷片之类,这样就能不直接燃烧,有点类似我们现在的电热蚊香片。

可想而知,这种焚香之法,能有效地避免呛人的烟雾,使香味绵远纯净,悠长持久,更符合焚香之雅趣。

到了讲究精致生活的宋代,这种焚香之法,普遍流行,正如《陈氏香谱》中所说:"焚香,必于深房曲室,矮桌置炉,与人膝平,火上设银叶或云母,制如盘形,以之衬香,香不及火,自然舒慢,无烟燥气。"

"香不及火,自然舒慢,无烟燥气",正是这种方法的优点和特点。

南宋杨万里曾经在开春之时,收到一个朋友送来的木樨香(桂花香料所制),他高兴地说道:"今年有奇事,正月木樨开。"能在正月百花凋零之时闻着桂花的香味,就好像桂花能开在正月一样。

然后,他就端坐在窗前,等候享受桂花的馨香——"诗老坐雪窗,天香来月窟。"那桂花香气仿佛是来自月宫中的桂树啊!由此可见,杨万里的联想就是雅,要是我闻着了,可能只会想到桂花酱、桂花饼什么的。

可是,小童的粗鲁无知却打破了杨万里的闲情雅趣——"山童不解事,著火太酷烈。要输不尽香,急唤薄银叶。"这小书童什么也不懂,用大火直接烧,可把杨万里急坏了,他急忙阻止,告诉小童说要慢慢地来,让香燃之不尽,得隔着薄薄的银叶子来炙烤才对。诗中这一幕,就细腻生动地描写了宋人看重"隔火熏香"的情态。

南宋文人张镃是著名的"中兴四将"张俊的曾孙,身为富家公子的他曾写过这样一首诗:"银叶煎香细雨声,竹阴行处药花明。麦光小楷临唐帖,更有人间第一清。"

闻着银叶子上隔火煎出的馨香之气,望着细雨中的竹阴花畦,铺了洁白的麦光纸,用小楷临唐人的书帖,这情调清雅之极。

古人有时还将新鲜花朵与瓜果和树脂类香料放在一起,以"蒸香"的方式,得到花香型和果香型的合香。

除了让人安静和心神怡悦，古人还发现了香的药用价值，明遗民董说《非烟香法》"香医"里描述说：

消暑宜蒸松叶，凉膈宜蒸薄荷，辟寒宜蒸桂屑……益中消气宜蒸枣膏，眼翳宜蒸藕花、竹叶，又宜茶，解表宜蒸菊花宜薄荷，治腹痛宜蒸松子、菖蒲，开滞宜蒸栀柳花，疏解郁结宜蒸橘叶，除烦宜蒸梅花、橄榄，治气闭宜蒸玉兰、苏叶，治咽痛宜蒸蔷薇、藕叶，治头痛宜蒸茶……

这应该是香疗法的功效吧。

现代人物质生活之丰富远超古人，香水香料也并不难求，但像古人那样焚香一炉，让自己安静怡然的却不多见。这也许是现代人生活节奏快，工作压力大从而缺乏充裕的时间来享受焚香静处的悠然的缘故。

不过，我还是很向往古人的这些生活图景——简约纯粹，朴实平凡的生活背后却是精致清雅的人生：

盘餐一菜，永绝腥膻，饭僧宴客，何烦六甲行厨；
茆屋三楹，仅蔽风雨，扫地焚香，安用数童缚帚。

——《小窗幽记》

闭门不出自焚香，拥褐看山岁月长。
雨后绿苔生石井，秋来黄叶遍绳床。

——《题陈上人院》

143

冬天，总是给人以寂寥的感觉，灰云如絮，雾霭弥天。放眼郊原，是枯瑟冷寂的漫漫黄土。然而，古人在冬日并非完全没有了取乐的心情。因为冬日虽然枯寂，但在当时的条件下，冬天没有了耕作的辛劳，人们往往可以闲下来自在地歇息，做一些自己喜欢的事情。正所谓：「冬者岁之余，夜者日之余，阴雨者时之余」。在这样的日子里，围炉煨芋，品酒高谈，也是其乐陶陶。

春生夏长，秋收冬藏，腊月是一个积蓄力量的时节，是一个盘点丰收的时节，是一个于蛰伏中期望腾飞的时节。新的一年，新的希望，都蕴藏在这冬日的冰雪之中。

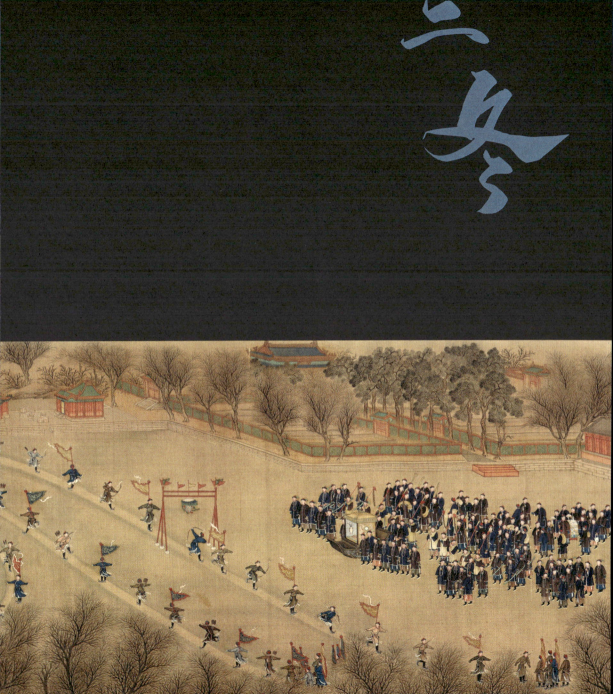

❀ 玉壶美酒

相比于茶，酒的历史更为久远。相传夏朝时大禹喝了酒后，觉得甘美难言，但自制力极强的他却从此疏远了进献美酒的仪狄，并留下一句话告诫后人："后世必有以酒亡国者。"由此可见美酒所带来的极大诱惑。饮酒之乐，是古人今人，都沉溺其中的乐趣之一，而且无论高低贵贱、是雅是俗，都能被酒的魅力所征服。

李渔在他的《闲情偶寄》中说："果者酒之仇，茶者酒之敌，嗜酒之人必不嗜茶与果，此定数也。"对于他所说的这一"定律"，我觉得并不通用。就自己而言，我除了嗜茶如命，对各种酒也是来者不拒，无论是白酒、啤酒、黄酒，还是米酒、清酒、果酒等，各有各的滋味，各有各的好。

都说"酒能乱性"，其实多数情景下，是酒撕下了人们脸上的假面具，让人们得以放纵一下暗藏在骨子里的真性情，是一种压抑后的释放。此为酒中之乐其一。南宋刘克庄有词曰："酒酣耳热说文章。惊倒邻墙，推倒胡床。旁观拍手笑疏狂。疏又何妨，狂又何妨。"正是说的这般情景。朱敦儒的："诗万首，酒千觞，几曾着眼看侯王。"也是借了酒胆才敢这样狂肆，借着酒劲，不敢说的话敢说了，心中的郁闷不平都可以一吐为快。正如《水浒传》中第四回所说："常言酒能成事，酒能败事，便是小胆的吃了，也胡乱做了大胆，何况性高的人！"

无酒不成席，宴席之间，若是少了觥筹交错，那就少了很多的兴味。苏轼曾经感叹："有客无酒，有酒无肴，月白风清，如此良夜何！"幸而妻子王闰之（王弗堂妹，苏轼续弦）藏了一斗酒以备不时之需，这才尽了苏子夜游赤壁之兴。如今，买酒不难，但有佳客夜半同游赤壁之行，却可遇不可求。

李白号称诗仙，这仙气一半掺杂着酒气，可谓一年到头、四时八节，无不以酒为欢。他春天喝："开琼筵以坐花，飞羽觞而醉月。不有佳咏，何伸雅怀？如诗不成，罚依金谷酒数。"夏天喝："人生达命岂暇愁，且饮美酒登高楼。平头奴子摇大扇，五月不热疑清秋。玉盘杨梅为君设，吴盐如花皎白雪。"秋天喝："长风万里送秋雁，对此可以酣高楼。"冬天喝："孤月沧浪河汉清，北斗错落长庚明。怀余对酒夜霜白，玉床金井冰峥嵘。"朋友欢聚时喝："岑

▶ 明 丁云鹏 《漉酒图》

夫子，丹丘生，将进酒，杯莫停。"
一人独处时也喝："花间一壶酒，
独酌无相亲。举杯邀明月，对影
成三人。"高兴时喝："白酒新熟
山中归，黄鸡啄黍秋正肥。呼童烹
鸡酌白酒，儿女嬉笑牵人衣。"愁
闷时更喝："平台为客忧思多，对
酒遂作《梁园歌》。"

饮酒是一种宣泄和放松，也是
一种麻醉和逃避。在有如手术刀利
刃一般的现实生活中，麻醉有时也
是不可缺少的。酒意醺然之后，正
如陆游所说："事大如天醉亦休。"

虽然大多数情景下，买醉之后，
还是要面对诸般难局，但有时候却
真能逃避一些麻烦。像曹魏末期有
名的酒徒阮籍就是如此：当时司马
昭为拉拢阮籍，要与之结为儿女亲
家。阮籍虽然心中十分不愿意，但
面对权势熏天的司马昭，如果直接
拒绝，不免会像嵇康一样引来杀身

▲ 清 苏六朋《太白醉酒图》

之祸。于是他日日醉酒，每次司马昭派去的人登门时，阮籍都是烂醉如泥。一
来二去，司马昭终于烦了，这门亲事就此做罢，阮籍就借酒解决了这件棘手的
难题。

饮茶宜清静，纵有茶客，最好是"知我者，二三子"。如果来上十几号人，
不免雅趣顿失，倒似旧时"吃讲茶"①的势头。而饮酒之时，虽然自斟自饮也有
一番乐趣，但却还是高朋满座的热闹，更为令人兴奋。

①"吃讲茶"：指旧时有争议的双方共同请彼此都信得过的地方名流到茶馆公开给两
方断是非的仪式，此习俗尤为流行于清末和民国年间的江浙、四川等地。

《史记·滑稽列传》中曾经写过这样一段故事：

齐威王曾经问宠臣淳于髡："你能喝多少？"这人回答说："臣喝一斗也醉，喝一石也醉。"威王听了奇怪，说："喝一斗就醉了，怎么能喝一石呢？"

淳于髡解释说："如果大王赏酒，执法官在旁边，御史在后边，我心里害怕跪倒喝酒，不过一斗已经醉了。如果家父来了贵客，我用袖套束住长袖，弯腰跪着，小心侍候他们喝酒，不时举起酒杯祝他们长寿，这样的情形，喝不到二斗也就醉了。如果朋友故交，好久没见面了，突然相见，欢欢喜喜说起往事，互诉衷情，喝到大概五六斗就醉了。如果是乡里间的节日盛会，男女杂坐在一起，玩起六博、投壶，自相招引组合，握了异性的手不受责罚，盯着人家看也不受禁止，前有姑娘掉下的耳饰，后有妇女丢失的发簪，我最喜欢这种场面，喝到大概八斗才有两三分醉意。天色已晚，酒席将散，酒杯碰在一起，人靠在一起，男女同席，鞋儿相叠，杯盘散乱，厅堂上的烛光熄灭了，这样的时刻，心里最欢快，能喝到一石。"

由此可见，酒兴最好的时候，就是在极度放松、人多热闹的情景中。

借酒行令或者借酒联句赋诗，能让酒兴更浓，大伙的兴致也会高涨到爆棚。白居易有诗："闲征雅令穷经史，醉听清吟胜管弦。"辛弃疾也有词："从今赏心乐事，剩安排、酒令诗筹。"都是说的饮酒行令之乐。

行令之花样，十分繁多。《红楼梦》第四十回贾母两宴大观园时行的是牙牌令，当时鸳鸯宣布了规则："如今我说骨牌副儿，从老太太起，顺领说下去，至刘姥姥止。比如我说一副儿，将这三张牌拆开，先说头一张，次说第二张，再说第三张，说完了，合成这一副儿的名字。无论诗词歌赋，成语俗话，比上一句，都要叶韵。错了的罚一杯。"

这样的玩法，让酒气中多了些文韵，喝酒也不只是感官的刺激，而更多了些精神享受。

古人酒席间的游戏，还有"送钩"和"射覆"等。李商隐诗中说过："隔座送钩春酒暖，分曹射覆蜡灯红。"所谓送钩，是指将衣带钩或藏于手中或匿于手外，握成拳状让乙方猜有没有，类似于后来藏火柴梗让人猜的游戏。猜者猜不中，就自己喝酒；猜中了，就对方喝酒。

　　所谓"射覆"，就是用盂、盘等器具盖住（覆）某一样东西，然后让人猜测里面是什么。《三国志》曾说神卜管辂，张口就说出刘太守所藏之物："内外方圆，五色成章，含宝守信，出则有率，此为印囊也。"但实际在宴席上玩这种游戏，大伙都是凡人，哪有管辂的本领，所以都要提示一些关键词，其实就等于是知识游戏了。

　　《红楼梦》第六十二回写贾宝玉等过生日，宴席上玩酒令游戏，平儿拈了个"射覆"，薛宝钗说："把个酒令的祖宗拈出来。"由此可见，射覆由来已久，十分古老。接下来书中写贾探春覆了个"人"字，薛宝钗说"人"字太泛，贾探春又覆了一个"窗"字，两覆一射。薛宝钗见席上有鸡，便射着贾探春用的是"鸡窗""鸡人"二典，即覆的"鸡"字，因而射了一个"埘"字。贾探春一听，知他射着，用了"鸡栖于埘"的典，二人对视一笑，相互会意，各饮了一杯酒。

▲　清　孙温《红楼梦·史太君两宴大观园，金鸳鸯三宣牙牌令》

由此可见，这样的游戏，要有"六经为庖厨，百家为异馔"的水平才行，一般人恐怕玩不转。

永和九年，有一次著名的兰亭之会，王羲之和谢安、孙绰等名门望族四十二人，在兰亭清溪旁欢聚畅饮，用"曲水流觞"的游戏来助兴。所谓"曲水流觞"，就是大家坐在曲折的水流两旁，在上游放置木制的漆器酒杯，让它漂流而下，停在谁的面前，谁就要取来喝，讨个欢喜吉庆。就在这场酒会的助兴下，王羲之写成了著名的《兰亭集序》，我们看现在传摹的帖子上，有很多涂抹的痕迹，是当年王羲之醉中所写的缘故。然而，王羲之酒醒之后，却再也写不出当时的神妙韵味，故而这份"草稿"，成为天下第一行书。由此可见，酒能败事，亦能成事。

《笑傲江湖》中，祖千秋和令狐冲有一番论杯之语：

"饮酒须得讲究酒具，喝甚么酒，便用甚么酒杯。喝汾酒当用玉杯，唐人有诗云：'玉碗盛来琥珀光。'可见玉碗玉杯，能增酒色。……这一坛关外白酒，酒味是极好的，只可惜少了一股芳冽之气，最好是用犀角杯盛之而饮，那就醇美无比，须知玉杯增酒之色，犀角杯增酒之香，古人诚不我欺……至于饮葡萄酒嘛，当然要用夜光杯了。古人诗云：'葡萄美酒夜光杯，欲饮琵琶马上催。'要知葡萄美酒作艳红之色，我辈须眉男儿饮之，未免豪气不足。葡萄美酒盛入夜光杯之后，酒色便与鲜血一般无异，饮酒有如饮血。岳武穆词云：'壮志饥餐胡虏肉，笑谈渴饮匈奴血。'岂不壮哉！……至于这高粱美酒，乃是最古之酒。夏禹时仪狄作酒，禹饮而甘之，那便是高粱酒了……饮这高粱酒，须用青铜酒爵，始有古意。至于那米酒呢，上佳米酒，其味虽美，失之于甘，略稍淡薄，当用大斗饮之，方显气概……这百草美酒，乃采集百草，浸入美酒，故酒气清香，如行春郊，令人未饮先醉。饮这百草酒须用古藤杯。百年古藤雕而成杯，以饮百草酒则大增芳香之气……饮这绍兴状元红须用古瓷杯，最好是北宋瓷杯，南宋瓷杯勉强可用，但已有衰败气象，至于元瓷，则不免粗俗了。饮这坛梨花酒呢？那该当用翡翠杯。白乐天杭州春望诗云：'红袖织绫夸柿蒂，青旗沽酒趁梨花。'你想，杭州酒家卖这梨花酒，挂的是滴翠也似的青旗，映得那梨花酒分外精神，饮这梨花酒，自然也当是翡翠杯了。饮这玉露酒，当用琉璃杯。玉露酒中有如珠细泡，盛在透明的琉璃杯中而饮，方可见其佳处。"

▣ ▲ 唐 琉璃杯（左）和琉璃碗（右）

　　这番话极有道理。喝酒，更多的是"喝"一种酒之外的心情而非"酒"本身。美食美器，能让酒的滋味更为隽永悠长，回味良多。受此启发，我觉得不只是喝什么酒，适宜用什么样的酒器，而且待什么客，就适宜用什么酒。如果客人是北方大汉，当用"老白干""闷倒驴"之类的高度白酒；若是南方文士，则用绍兴黄酒或糟烧之类；倘是白领丽人，自当用红酒或果酒……

　　古人对于饮酒之境，也有不少讲究，陈继儒在《小窗幽记》中谈道："春饮宜郊，夏饮宜庭，秋饮宜舟，冬饮宜室，夜饮宜月。"

　　春饮宜郊，是说绿草如茵，东风煦暖的时刻，最适合在野外踏青之时，欢饮一场，正如苏轼词中所描绘之景："桃李溪边驻画轮，鹧鸪声里倒清尊。"夏饮宜庭，是说夏热之时，在阴凉透风的庭中畅饮，才更适宜，如戴亨《夏至日蔚千招饮荷庭》之句："骄阳隆赫正斯时，独有林庭暑更宜。"秋饮宜舟，在秋风飒爽之时，宜泛舟江湖之上，方得饮趣，如李白："南湖秋水夜无烟，耐可乘流直上天。且就洞庭赊月色，将船买酒白云边。"冬饮宜室，北风凛冽，天寒欲雪之时，当然是在温暖的小屋中围炉对饮，最为温馨了，如白居易："绿蚁新醅酒，红泥小火炉。晚来天欲雪，能饮一杯无？”

在现代生活中，酒的品类较之古人，更为繁多。但多数时候，却缺少一些东西，古人那种讲究饮酒的情调和深邃的意趣，如果能掺入酒中的话，会更多不少滋味。

酒与茶，是中国古代最盛行的两种饮品。明人陈继儒在《小窗幽记》中点评得极为精到：“热肠如沸，茶不胜酒，幽韵如云，酒不胜茶，酒类侠，茶类隐，酒固道广，茶亦德素。”确实，相比于让人安静如隐士的茶来说，酒能激起人们的豪情胜慨，像《水浒传》中的那些英雄人物一样，不再苟且偷生，而是壮起胆子“该出手时就出手”。饮酒之趣，泰半在于此中罢。

当然，有人望酒即醉，天生就不擅喝酒，不过也没关系：“人有一字不识，而多诗意；一偈不参，而多禅意；一勺不濡，而多酒意……”只要能感受到酒给人们带来的放松和惬意，就可体会此中真意了。

▼ 五代 顾闳中《韩熙载夜宴图》（局部）

🦪 腊日啜粥

    过了重阳之后，节日渐渐少了起来，大概是应了"秋收冬藏"的习惯吧，于是一直到了腊月初八，才迎来了腊日。

    腊日，又称腊八节，是中华民族的传统节日。究其源头，这个节日是由于佛教的盛行而衍生出来的，经过长期的演变，以及儒释道的长期杂糅，渐渐成为中华传统节日。

    腊月初八是佛祖释迦牟尼成道之日，又称为"法宝节""佛成道节""成道会"等。相传佛祖曾经苦修多年，在树下净心守戒，骨瘦如柴，后来喝了牧女所献的乳糜后，精神大振，于腊月初八这一天，坐在菩提树下，睹晨星而悟道。

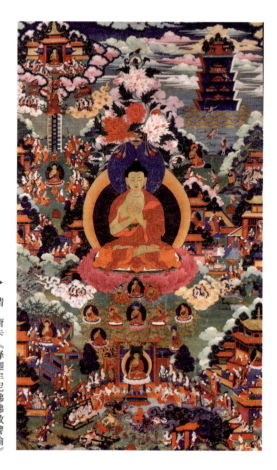

▶ 清　唐卡《释迦牟尼佛佛教譬喻》

所以，后来诸多寺院在这个世尊成佛之日，用五谷加果脯之类煮成粥糜，广为施送。就像元宵节吃元宵、端午节吃粽子、中秋节吃月饼一样，腊八粥成为腊八节的标志性食物。

腊八粥的出现，明确记载是在北宋孟元老的《东京梦华录》中："初八日，街巷中有僧尼三五人，作队念佛，以银铜沙罗或好盆器，坐一金铜或木佛像，浸以香水，杨枝洒浴，排门教化。诸大寺作浴佛会，并送七宝五味粥与门徒，谓之'腊八粥'。都人是日各家亦以果子、杂料煮粥而食也。"

这里出现的"七宝五味粥"就是腊八粥。所谓"佛家七宝"本指"金、银、琉璃、珊瑚、砗磲、赤珠、玛瑙"，这里就是一些桃仁、杏仁、瓜子、松子、葡萄干等物吧。

在古时，严寒的冬天是最难熬的时光，昼短夜长，灰云如絮，雾霭沉沉，让人蜷缩在清清冷冷的长夜期盼那无精打采的阳光。而且，在寒冬的岁月中，不少贫苦的平民，吃饭也成为大问题。食不果腹，加之北风严酷，人们在生死线上苦苦挣扎。

现代人很难想象，一碗热腾腾、香喷喷、甜丝丝的腊八粥，给予当时的人一份多大的满足感。我们身处都市高楼大厦的暖窝里，可能无法体会到当年的人顶风冒雪走过几十里路后，饥肠辘辘，当伸出冻得半僵的双手，接过那碗热腾腾的腊八粥时的欣悦感。

其实，在佛教这个礼俗没有兴盛前，腊日也是一个很重要的节日。据《风俗通义·祀典》引《礼传》云："腊者，猎也，言田猎取禽兽，以祭祀其先祖也。或曰：腊者，接也，新故交接，故大祭以报功也。"

唐朝岑参有一首《玉门关盖将军歌》，其中的"骑将猎向城南隅，腊日射杀千年狐。我来塞外按边储，为君取醉酒剩沽"，正是描写了腊日出城打猎的热闹情景。

无论是冬季打猎，还是借辞旧迎新之意，用大块肉、大碗酒来祭祀，都是腊日的一项重要内容。上贡之后，这些酒肉自然是进了人们的肚里，这对当时的古人来说，是一个很难得的大快朵颐的机会。

据《礼记》所载，子贡去观看了腊祭之礼，回来后其师孔子问道："赐（子贡名为端木赐），你能感受到快乐吗？"

然而子贡摆出一副严肃的面孔，说："那些庆贺腊日的人，个个喝得半醉，像疯子一样，有什么值得高兴的？"

岂料孔子却说："这些老百姓一年都在辛苦劳作，只有腊日这一天能放松一下，享受一下欢乐的感觉，这是你这类不种田不做苦力的人没法体会的。人不能总是紧张地工作而不放松娱乐，即使是周文王、周武王也做不到；有张有弛，这才是周文王、周武王治理天下的方法啊！""文武之道，一张一弛"的典故就是从这里来的。

由此可见，从上古时期，腊日就是普通百姓的欢乐节日，是终年劳累的百姓们难得的一个休息日。

北宋张耒曾生动详细地描绘过腊日时的百姓生活图景："日暖村村路，人家迭送迎。婚姻须岁暮，酒醴幸年登。箫鼓儿童集，衣裳妇女矜。敢辞鸡黍费，农事及春兴。"从"婚姻须岁暮"一句看，当时的不少乡亲百姓，都把腊日这天当成好日子，会迎亲办喜事呢。

明代李先芳有诗："腊日烟光薄，郊园朔气空。岁登通蜡祭，酒熟醵村翁。积雪连长陌，枯桑起大风。村村闻赛鼓，又了一年中。"意思是说腊日里雾霭消散而去，郊园中充斥着北国的寒气，欣逢五谷丰登的好年景，大伙摆上祭肉祭祀神灵和先人，村中的老翁满脸通红，喝得半醉。虽然这时长长的道路上还有积雪皑皑，凛冽的北风咆哮着吹动老桑树的枯枝，然而，赛神会上的阵阵鼓声，仿佛是新春的脉动，旧的一年又要过去，即将迎来那浩荡的春风。

腊日之时，万木萧疏，百草凋零。相传当年武则天于腊日之时，忽然下旨令百花齐放，小说《镜花缘》开头就是这样写的。其实这段并非虚构，有武后诗为证："明朝游上苑，火急报春知。花须连夜发，莫待晓风吹。"这应该是武则天一时起兴，在诗中说大话而已。就像李白在诗中写道："我且为君槌碎黄鹤楼，君亦为吾倒却鹦鹉洲。"只是说说而已。武则天能催动百花在腊日盛开，并无科学依据。

虽然腊日难觅百花盛开之景，但冬景自有冬景的韵味，如果找一个相对风和日暖的日子，去游一下雪后的幽山，也别有情调。如南宋的汪莘就有这么一首词《行香子·腊八日与洪仲简溪行其夜雪作》："野店残冬，绿酒春浓。念如今、此意谁同。溪光不尽，山翠无穷。有几枝梅，几竿竹，几株松。　　篮舆乘兴，薄暮疏钟。望孤村、斜日匆匆。夜窗雪阵，晓枕云峰。便拥渔蓑，顶渔笠，作渔翁。"

大概的意思是：喝了荒村野店中几碗新熟的村酒，然后乘着竹轿游山，天色已晚，日渐西沉，远处寥寥钟声响起，看山上几枝寒梅吐蕊，几竿修竹迎风，几株枯松傲立。晚宿山中，看窗外细密如盐的雪粒静静飘洒。次日天气放晴后，云中的奇峰如在枕边。此情此景，真想终老此间，披蓑戴笠，做一个安闲世上、不扰红尘的渔翁啊。

▲ 南宋 佚名《寒山行旅》

在漫漫的寒冬中，心情很容易像郊外旷野的黄土一般冰冷枯寂，像冰封在河底的水，懒懒地沉睡。然而，随着腊日的到来，春天的脚步逐渐走近。腊日到了，过年的气息浓了，有道是："小孩小孩你别馋，过了腊八就是年"。赛神的锣鼓，洋溢着红火的氛围；初绽的寒梅，仿佛是报春的使者。啜一碗甜香可口的腊八粥，心中顿时充满融融的暖意。

❄ 雪夜读书

因为长时间的应试教育，"读书"这两个字往往和辛苦、劳累交织在一起，正如苏轼所说："人生识字忧患始。"此语一出，深得人心，南宋诗人张侃也立即响应道："人生识字多忧患，饱睡从今莫读书。"

读书，真的就这么辛苦，没有乐趣吗？那要看读什么书，如果是那些讲大道理、空洞无物的书，定是味同嚼蜡，正如袁枚所说："学为四子文，聪明逐陈腐。"那可要"捏起鼻子"来读了。若依照自己的兴趣来读，那就如同赴一席盛宴、入一座宝山，正所谓"六经为庖厨，百家为异馔，三坟为瑚琏，诸子为鼓吹"，自然会废寝忘食，流连忘返。

除此之外，还要看为什么读书。如果是"头悬梁，锥刺股""囊萤映雪"，为了功名而读书，自是苦如黄连；如果是遂性而读，如王子猷雪夜访戴①一般，纯粹是散心怡情，才能得读书之乐。

北宋苏舜钦读《汉书》下酒，就是这样一份心情，他读到《汉书·张良传》中，看到张良想行刺秦始皇，但"误中副车"，没有成功时，就拍案大叫："惜乎！击之不中。"然后满饮一杯，以示感叹。而读到张良遇上了刘邦这个贤主，君臣相遇之时，他不禁热血沸腾，抚案欢喜道："君臣相遇，其难如此！"于是再饮一杯。苏舜钦以《汉书》下酒，一夜能喝上几斗，如此读书之境，焉得不乐？

民国年间，湖北有儒医熊伯伊写过一首《四季读书歌》：

春读书，兴味长，磨其砚，笔花香。读书求学不宜懒，天地日月比人忙。燕语莺歌希领悟，桃红李白写文章。寸阳分阴须珍惜，休负春色与时光。

夏读书，日正长，打开书，喜洋洋。田野勤耕桑麻秀，灯下苦读声朗朗。荷花池畔风光好，芭蕉树下气候凉。农村四月闲人少，勤学苦攻把名扬。

秋读书，玉露凉，钻科研，写文章。晨钟暮鼓催人急，燕去雁来促我忙。菊灿疏篱情寂寞，枫红曲岸事彷徨。千金一刻莫空度，老大无成空自伤。

冬读书，年去忙，翻古典，细思量。挂角负薪称李密，囊萤映雪有孙康。围炉向火好勤读，踏雪寻梅莫乱逛。丈夫欲遂平生志，十载寒窗一举扬。

---

① 东晋名士、王羲之的儿子王子猷居山阴时，在一个雪夜划着小舟前往剡溪访戴安道，未到其家门就返回了。仆人问其缘故，王子猷答："吾本乘兴而来，兴尽而返，何必见戴？"

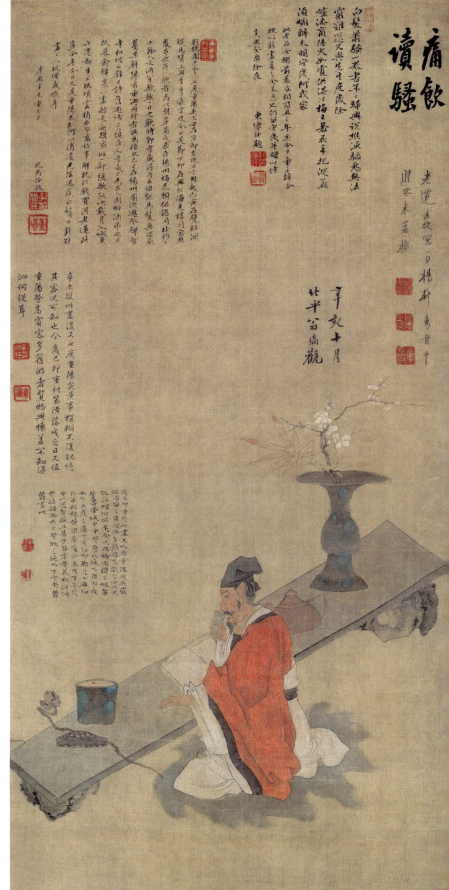

▶ 明 陈洪绶 《饮酒读书图》

　　这首《四季读书歌》，虽然广为传诵，但我却不怎么喜欢，因为歌中还是带着功利性的思维，读书是为了获得名利、博得地位。这样读书，如老牛拉犁，十分辛苦。依我看，还不如南宋末年翁森的《四时读书乐》这一组诗写得好：

山光照槛水绕廊，舞雩归咏春风香。好鸟枝头亦朋友，落花水面皆文章。
蹉跎莫遣韶光老，人生唯有读书好。读书之乐乐何如，绿满窗前草不除。
新竹压檐桑四围，小斋幽敞明朱晖。昼长吟罢蝉鸣树，夜深烬落萤入帏。
北窗高卧羲皇侣，只因素稔读书趣。读书之乐乐无穷，瑶琴一曲来薰风。
昨夜庭前叶有声，篱豆花开蟋蟀鸣。不觉商意满林薄，萧然万籁涵虚清。
床前赖有短檠在，及此读书功更倍。读书之乐乐陶陶，起弄明月霜天高。
木落水尽千崖枯，迥然吾亦见真吾。坐对韦编灯动壁，高歌夜半雪压庐。
地炉茶鼎烹活火，四壁图书中有我。读书之乐何处寻，数点梅花天地心。

　　张潮曾写过："读经宜冬，其神专也；读史宜夏，其时久也；读诸子宜秋，其致别也；读诸集宜春，其机畅也。"我也不完全赞同。依我看，当春之季，春草新发，春鸟有情，宜读唐诗清丽句、宋词婉约篇，并《西厢记》《牡丹亭》之属以怡情；当夏之季，日长似岁，酷暑难消，宜读《三言二拍》《太平广记》等传奇小说；当秋之季，金风萧瑟，万物肃杀，宜读二十四史看兴衰，读《三国演义》《孙子兵法》之类看杀伐；当冬之季，草木枯槁，天地岑寂，当读佛

道经典，以悟性情，或读仙鬼故事，以破寂寥。

其实，就古人来说，冬天往往是最适宜读书的季节。"冬者岁之余，夜者日之余，阴雨者时之余也"。在古代的条件下，冬天一般没有农活，是一年光阴中宽余出来的部分；夜晚没有光亮，不适合干活，是一天之中宽余出来的部分；阴雨之时，不便劳作，是因天时宽余出来的时光。这些时刻就是最适宜读书的时光。

而风雪交加的冬夜，应该说是占尽上面所说的"三余"，所以是最适合读书的时候了。雪夜之时，无人来访，无事相扰，正好拥炉读书。而"雪夜闭门读禁书"这一情景，更是让人心驰神往，倍觉刺激。

在明清两代，《水浒传》《牡丹亭》《西厢记》《金瓶梅》《红楼梦》，都一度成为禁书，相比于那些满篇大道理的经籍之类，禁书就像一股清新的春风，一扫冬夜的寂寥和倦意。

有时候，禁忌会诱发出更多的神秘感，激起探索欲。这就像《水浒传》第一回中的洪太尉，看见那座用大锁锁着，"上面贴着十数道封皮，封皮上又是重重叠叠使着朱印"的"伏魔之殿"时，就怎么也想打开来看看。假如这座殿普普通通，敞着门任人出入的话，也许洪太尉还真懒得进去看上一眼呢。

当然，读禁书的诱惑，也不完全是因为好奇心，禁书之所以被禁，正是因为它本身有着巨大的感染力和诱惑性。所谓"禁书"，有很多时候，就是因为

▼　明　卞文瑜《溪山秋霁图》

其思想与那些温良恭俭的正统思想相悖，才被当作禁书，被封印雪藏起来。

　　比如《水浒传》，就是因为当年的统治阶级害怕人们学梁山上的英雄好汉造反，才诬蔑它是"蛊惑愚民，诱以为恶"的"贼书"，严加封禁。而《牡丹亭》一类描写男女情爱的，也被视为淫秽的"黄色小说"。像《红楼梦》中就写过，贾宝玉和林黛玉看这书时，也是做贼一样偷偷摸摸地看，林黛玉在酒席间误引了一句《牡丹亭》中的句子，还被薛宝钗抓了个"小辫子"。

▲　明　杜堇《水浒全图》图页

　　但所谓的禁书中闪烁的思想火花，岂是"大学之道，在明明德"之类所能比拟的？正如袁宏道所说："《金瓶梅》云霞满纸，胜于枚乘《七发》多矣！"

　　所以，当朔风劲哀，彤云密布，那纷纷如盐的雪花开始洒空而下，渐渐积满了空庭之时，不妨温一壶好酒，将深藏在书箧之中的那本爱书找出来，秉烛而观。那情境，犹如探访古刹地宫一般，充满神秘和刺激，又如同新婚洞房花烛夜一般，充满兴奋和新奇。

▶　清　萧云从《雪岳读书图》（局部）

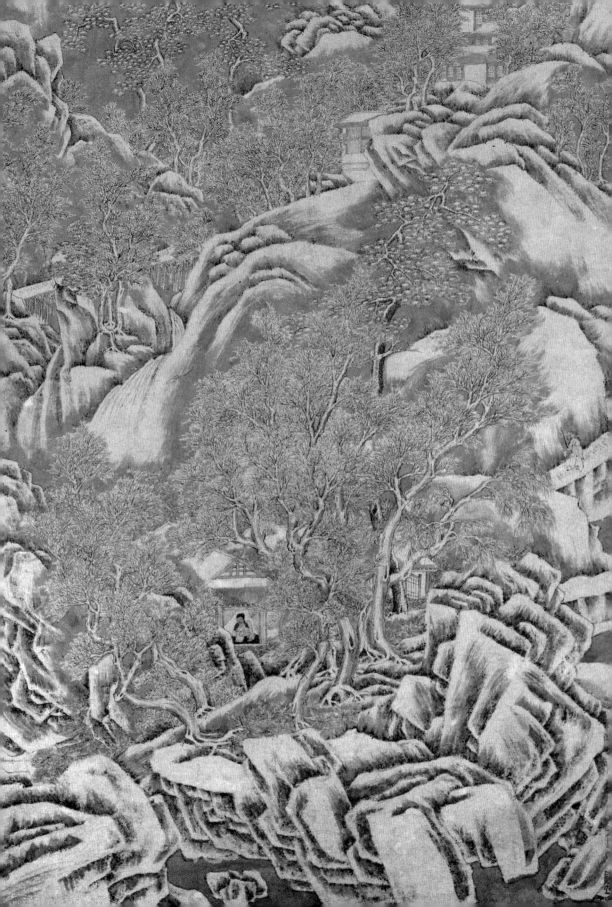

金石鼎彝

"花令人韵，石令人隽，雪令人旷，僧令人淡，蒲团令人野，美人令人怜，山水令人奇，书史令人博，金石鼎彝令人古。"这是明代陈继儒所说。其他暂且不谈，单说一下这金石鼎彝。

从文义上看，金石鼎彝应该是指青铜器和石刻碑碣之类的器物，但也能代指所有的古董。所谓"金石鼎彝令人古"，就是说赏玩这一类东西，能够让人发思古之幽情，获得不一般的精神享受。

《事林广记》中有个笑话，说有个迂腐的书生，酷爱古物，遇到古董时，倾家荡产也要买。可是他经常被人骗，有人拿了张破席子和他说："这是鲁哀公设席请孔子坐过的。"于是这书生就把靠近城墙脚下的良田抵给了他，换下这张破席。听说他如此好骗，随即又有一个人拿了一根旧木杖来，说："周文王的祖父躲避北狄时，曾挂着这根杖去避，这比孔子的席子早了几百年啊！"书生一听，忙凑出家中所有的钱给了他。后来，又有一个人拿了只朽烂的木碗，说："席子和手杖的历史都没有那么久远，这只碗是桀做的，比周朝更久远。"书生已经没有别的资产，只好将房子抵给了他。至此，书生已是上无片瓦，下无立锥之地。于是披着鲁哀公的席子，挂着周太王的手杖，端着桀做的碗，在街上乞讨。

这个故事，对盲目嗜好古玩者具有巨大的讽刺和警醒意义，但却也从另一个侧面反映出，玩古董会令人痴迷上瘾。

北宋大文豪欧阳修，就曾对金石鼎彝之类有着异乎寻常的痴爱。他编了一本书叫《集古录》，在序言中说："汤盘，孔鼎，岐阳之鼓，岱山、邹峄、会稽之刻石，与夫汉、魏已来圣君贤士桓碑、彝器、铭诗、序记，下至古文、籀篆、分隶诸家之字书，皆三代以来至宝，怪奇伟丽、工妙可喜之物。"

但在当时，这些古董并没有引起人们的足够重视，欧阳修说这些商彝周鼎历经"风霜兵火"，却被"散弃于山崖墟莽之间"，没有人捡来收藏，所以这些东西不像"象犀金玉"那样名贵，是"取之无祸"的物品。比如，被称为"中华第一古物"中国九大镇国之宝"的石鼓,也曾因为貌不惊人,被屡次弃之荒野,其中一只还被愚昧的乡下人削成石臼,侧面用来磨刀。

然而,在人们渐渐认识到古董的价值后,这些物品的身价,远非象牙、犀角、黄金、白玉能比得了的。到了明清时期,商彝周鼎已经是豪门大宅的标配了,像《红楼梦》中写贾府荣禧堂中:"大紫檀雕螭案上设着三尺多高青绿古铜鼎,悬着待漏随朝墨龙大画,一边是金蜼彝,一边是玻璃盒,地下两溜十六张楠木交椅。"就连身为小姐的贾探春房中,也是案上设着大鼎。

大才女李清照和其夫君赵明诚都是金石鼎彝的重度爱好者,赵明诚还专门写过一本叫《金石录》的书,这里面收录了"上自三代、下迄五季,钟、鼎、甗、鬲、盘、彝、尊、敦之款识,丰碑大碣,显人晦士之事迹"。这些东西基本上是赵明诚和李清照夫妇二人,长年累月地逛相国寺淘来的。当时他们相携而行,在南宋东京的繁华街市上买些果子零食,一边逛,一边去淘那些商彝周鼎之类的物件,淘到可意的古董之后,二人便回家展玩咀嚼、观赏评论,觉得世间之至乐,无逾于此。这样的雅好,这样的才子才女,实在令人钦羡。

▲　商后期　父戊鼎

▶　清乾隆　掐丝珐琅兽面纹方鼎

到明清之时，收藏古玩已经大兴于世。清代陕西巡抚毕秋帆得到周匋鼎，有人劝他捐给孔庙，供奉殿庭，但他舍不得。还有个叫汪绣峰的人也是收藏成瘾，搜罗了汉、魏、晋、唐、宋、元、明人的大量印石，不管是金银、玉石、玛瑙、珊瑚、水晶、青金、蜜蜡、青田、昌化、寿山，还是铜磁、象牙、黄杨、檀香、竹根等材质的印，一见辄收，多达数万枚。有次他见人家案头有一铜印，鼻钮刻"杨恽"二字，便知是汉印，强求人家转让，结果人家不同意，汪绣峰竟然长跪在地，坚决不肯起来，缠得人家没办法，只好将这枚汉印让给了他。

近年来，随着收藏热的兴起，潘家园这个地方几乎无人不知，《国宝档案》《寻宝》等电视节目的收视率也极高，人们对于古董的热情空前高涨。

收藏古玩，其中包含着诸多的乐趣。拿到一件久埋于历史烟尘中的古物，我们不免发出种种感慨，正如唐人王建看到一支从古井中淘出的金钗时，不禁在《开池得古钗》中有这样的感叹：

> 美人开池北堂下，拾得宝钗金未化。
>
> 凤凰半在双股齐，钿花落处生黄泥。
>
> 当时堕地觅不得，暗想窗中还夜啼。
>
> 可知将来对夫婿，镜前学梳古时髻。
>
> 莫言至死亦不遗，还似前人初得时。

这里写一个美人在北堂前开凿池塘，不想挖到了一支金钗。这支金钗还算完好，钗头的凤凰还剩下一多半，双股也齐备，只是钿花沾满了黄泥。心思细腻多情的美人因此想到了很多：当年丢失这支金钗的女子，可能在窗前哭了一夜吧，如今她人早已成为灰土，这支金钗却依旧在。叹息完这些往事，美人的思绪又跳到自己的将来，嫁得一个好夫婿，自己簪上这支古钗，梳上古时的发髻，烛光盈盈之下，笑对郎君，该是件多么可心如意的事情啊！美人手握这支金钗，越看越爱，但她的心里清楚地知道，她也只是这支金钗暂时的主人，正像当年丢失这支金钗的女子一样，当她手握这支金钗时，曾以为会终生拥有，至死不遗，可事实如何呢？

每当我摩挲那些秦铜汉玉时，都会像上面诗中的女子那样有着无尽的遐思，它们经历过多少历史上的风风雨雨，它们的主人是神圣的君王还是威武的将军？是儒雅的文士还是巨富的商贾？它们曾高踞在华堂的几案之上，也曾沦落到污泥黄土之中。它们不会说话，却似乎已经诉说了这一切的沧桑变故。

　　当然，我们也不可否认，收藏这些古董，有时还是一个价值发现的过程，让投资有升值裂变的可能性，这也就是所谓的"捡漏"。但正如股市最火爆的时候，也是垃圾股飞上天的时候，古董热的兴起，也使市场上涌出一大堆赝品，再想复制从地摊上花很少的钱捡个"大漏"，卖上几百万的传奇，基本上是痴人说梦。但是，人们的热情仍旧不减，在古玩摊上辨伪寻真、讨价还价、斗智斗嘴，也是一种乐趣。有时杀价成功，买到自己中意的古玩，那心里的乐呵劲儿，如同垂钓时钓得一条大鱼、买彩票中了一张大奖一般的滋润得意。

　　当然，我们如果想欣赏金石鼎彝之类，较之古人，还有一个方便处，就是可以去各大博物馆一饱眼福，虽然不能亲手摩挲把玩，但却能大开眼界。

　　从古至今，收藏古董都是一种精神上的享受，正如古玩店喜欢悬挂的一副对联中所说的那样："玩物岂真能丧志，居奇原只为陶情。"

▲　清　任熊《姚燮诗意图·熊罴兽镀相焜煌》

◉ 着意丹青

　　"十日画一水，五日画一石。能事不受相促迫，王宰始肯留真迹。壮哉昆仑方壶图，挂君高堂之素壁……"，这是诗圣杜甫对画家王宰作画时的赞美，写他气度从容，笔势高妙，画出的山水佳境引人入胜；"凌烟功臣少颜色，将军下笔开生面。良相头上进贤冠，猛将腰间大羽箭"，这是在称赞画家曹霸笔下画出的那些凌烟阁的生动人物；"素练风霜起，苍鹰画作殊。㧐身思狡兔，侧目似愁胡"，赞的是画上的苍鹰挟风带霜，凌厉刚猛。由此可见绘画给古人带来的艺术享受。

　　南朝时的著名画家宗炳，一生好游山水，四处寻访名山大川、江湖胜境，也画了不少精彩的图画。随着岁月的流逝，他老了，病了，走不动了，只能蜷缩于病榻之上。然而，他却依然饶有兴致地让人把很多山水画挂在墙上，在辗转反侧之时，凝神观望，仿佛依然置身于松云溪涧之间，意趣盎然。

▲　明　张路《观画图》

168

　　《小窗幽记》中曾有一联，上联说："沧海日，赤城霞，峨眉雪，巫峡云，洞庭月，潇湘雨，彭蠡烟，广陵涛，庐山瀑布，合宇宙奇观，绘吾斋壁。"如果能达到这样的程度，那么卧于床榻，也可以神游于天地山水之间了。

　　现代人拥有丰富的影像资源，有高清的照片和视频，但古人是没有这些的，所以绘画更具备了稀缺性和独特性的特点。

　　据说汉桓帝时的刘褒，擅长绘画，曾画云台阁，让人见了都感觉热；又画北风图，人们见了又有瑟瑟发抖的感觉。

　　古人有不少观画可怡情养性，甚至治病的故事。隋炀帝杨广因沉湎酒色，身体虚弱，喉干舌燥，毒疮四起，终日不安。让御医们开方煎药，却不见好转，于是张榜悬重赏求医问诊。当时民间有一位神医叫莫君锡，他进宫后并没有开药，而是取出两幅画给隋炀帝，让他日夜观赏。这两幅图，一幅画着京城各处白雪皑皑，空中撒盐扬絮一般落着雪花，隋炀帝见后不禁心生凉意，内热全消；再看另一幅画，只看上面画着梅子颗颗，正值成熟之时，隋炀帝见到这些黄里透红的梅子，不觉口舌生津，这"喉干舌燥"的病也就在不知不觉中医好了。

　　如果大家觉得这则故事戏说的成分居多的话，我们再来看一个更加证据确凿的例子，北宋著名文人秦观亲笔记载了这样一件事：

　　余曩卧病汝南，友人高符仲携摩诘辋川图，过直中相示，言能愈疾。遂命童持于枕旁阅之，恍入华子冈，泊文杏竹里馆，与斐（裴）迪诸人相酬唱，忘此身之鲅系也。因念摩诘画，意在尘外，景在笔端，足以娱性情而悦耳目。前身画师之语非谬已。今何幸复睹是图，仿佛西域雪山，移置眼界。当此盛夏，对之凛凛如立风雪中。觉惠连所赋，犹未尽山林景耳。吁！一笔墨间，向得之而愈病，今得之而清暑，善观者宜以神遇而不徒目视也。五月二十日。高邮秦观记。

　　这篇秦观当年留下的真迹，就题在了王维的《辋川图》上，意思是说秦观在汝南时曾经因病卧床不起，一位叫高符仲的朋友带了王维画的一幅画，对他说经常看这张画，病就会好。于是秦观让书童展开，在枕前观看，看着看着，仿佛身入画中，与唐代的诸位贤士们交游吟咏，一时苦痛全忘，画中的图景也让他神清气爽，精神倍增，不知不觉间就恢复了健康。

▲ 北宋　秦观《摩诘辋川图跋》

这事说来神奇，其实就是一种精神疗法，通过观画获取精神愉悦感，从而抵消疾病的烦恼，帮助自身提高抵抗力吧。

除了看画，自己动笔作画更有宁静心神、纾解心结的效果。清代著名的书画家郑板桥曾因世事不公、官场黑暗而气愤难平，得了肝气郁结之症，但是他坚持每天画竹，将心中的郁闷倾注于笔端、凝结于纸上，于是渐渐好了起来。精通医术的友人来访，见郑板桥精神健旺，竟然不药而愈，也是大为惊奇。他后来分析道，郑板桥画竹之时，一是将精神不自觉地转移到了绘画上，不再纠结于这些世间俗事；二是观竹画竹之时，精神气血被竹子那种疏畅姿韵所感染，肝气自然就疏泄畅通了。又比如八大山人朱耷，于国破家亡之后，将一腔悲愤倾注于书画之间，他画的怪石枯木、苍鹰霜禽，无不带有一种孤愤桀骜之气。也正是因为他将心中郁闷都宣泄于画中，才得享八十岁的高寿吧。

由于对绘画的喜爱，古时流传着很多关于绘画的神奇故事。比如说梁朝的张僧繇在金陵安乐寺画了四条白龙，但未点眼睛，人们奇怪，他解释说："点了眼睛后，龙就会飞走。"人们不信，坚持让他点了两条龙的眼睛，于是"雷电破壁，两龙乘云腾去"，这就是"画龙点睛"的典故由来。

还有很多画中人的故事，多是画上的美人活了。唐传奇中就记载着有个叫赵颜的书生，得了一幅美人图，竟然被她吸引住了。他找到画师说："世间都没有这样的美人，要是她能活了多好，那我就能娶她为妻。"画师说："画

170

中这个美人叫真真，你每天叫她的名字，终日不停，喊上一百天，她就会答应你。她如果开口说话了，你就给她喝百家彩灰酒，她就能活了。"赵颜遵照他的话去做，这个叫真真的画中美人果然活了，从画上走了下来，言笑饮食都和正常人一样，和赵颜成亲后过了一年多，还生了个儿子。岂料又过了两年，赵颜的一个朋友听说了，跑过来说真真是妖怪，还送给他一把斩妖剑，嘱咐他要除掉真真。结果赵颜回家后，发现真真和儿子都不见了，他们又回到了画中，仔细看画，和原来并没有不同，只是旁边多了个两岁的孩童。

像这一类故事，都反映了古人对于惟妙惟肖的绘画是如此景仰喜爱，才由此衍生出种种幻想和憧憬。

在我们今天，虽然有了海量的图片和视频资源，但是观画这一艺术感受，却是看照片和录影不能取代的。尤其是中国的写意画，它融汇了诗词、书法、篆刻等多种艺术元素，有着中国传统文化中淡雅从容、萧散超脱的神韵。

正所谓何必"兰花为供，甘露为饮，橄榄为肴，蛤蜊为羹，百合为荠，鹦鹉为婢，白鹤为奴，桐柏为薪，薏苡为米"，但观戴嵩之斗牛、黄筌之珍禽、王冕之墨梅、板桥之兰竹、青藤①之葡萄、白石之瓜果，亦平生乐事矣。

▲ 北宋 赵昌《南唐文会图》（局部）

———————————————

① 青藤：明代书画家、文学家徐渭的号。

❀ 踏雪寻梅

　　寂寞的冬季，天地寥落，百花枯绝。唯独梅花能在此季凌寒绽放，实为难得。而雪中怒放的梅花，更让人们喜爱。有道是"有梅无雪不精神"，南宋状元张孝祥也有一首《卜算子》，写出有梅无雪的遗憾：

　　　　雪月最相宜，梅雪都清绝。去岁江南见雪时，月底梅花发。

　　　　今岁早梅开，依旧年时月。冷艳孤光照眼明，只欠些儿雪。

　　落雪之后，古人讲究踏雪寻梅，寻的是山间幽谷、荒村古寺中的那些野梅。在古时，有官梅和野梅之分，所谓官梅就是那些用漂亮的琉璃盆栽着，由花匠将枝干扭曲、弄出造型的梅花，就像龚自珍所说的"病梅"模样，即为官梅；而野梅是那种自由自在地生长于山野之间，梅干劲直、横逸泼辣、透着不羁之气的梅树。元代著名画家王冕，就不画那种"金碧庄严"的官梅，只画野梅，所以有人称赞他说："梅花取直不取曲，此理世人多未推。诗人独得梅清性，不画官梅画野梅。"

　　所以，在自家庭院，赏玩那些搬自温室、病恹恹的盆栽梅花，远不如去雪后的山野荒原，观赏那些矫矫不群、孤芳自傲的瘦梅和野梅。"驿外断桥边，寂寞开无主"，正是这样无主的野梅，才最惹人爱怜和钦敬。

　　踏雪寻梅，从元明两代开始，便与孟浩然联系在一起，如元杂剧《贬黄州》第二折："为不学乘桴浮海鸥夷子，生扭做踏雪寻梅孟浩然"。明末张岱的《夜航船》是一部百科全书类的著作，其中在第一卷《天文部·雪霜》中解释"踏雪寻梅"时说："孟浩然情怀旷达，常冒雪骑驴寻梅，曰：'吾诗思在灞桥风雪中驴背上'。"其实，这句"诗思在灞桥风雪中驴背上"是晚唐宰相郑綮所说的。有人问他："相国（指郑綮）近有新诗否？"对曰："诗思在灞桥风雪中驴子上，此处何以得之？"但是，郑綮这个人对人们来说太陌生了，论知名度、圈粉率还得是孟浩然，所以这灞桥风雪、骑驴寻梅等元素就自然而然地被嫁接到孟浩然身上，孟浩然也就此成了踏雪寻梅的代言人。

　　随着绘画、雕刻等艺术作品的推广，大多数人都公认了孟浩然踏雪寻梅的

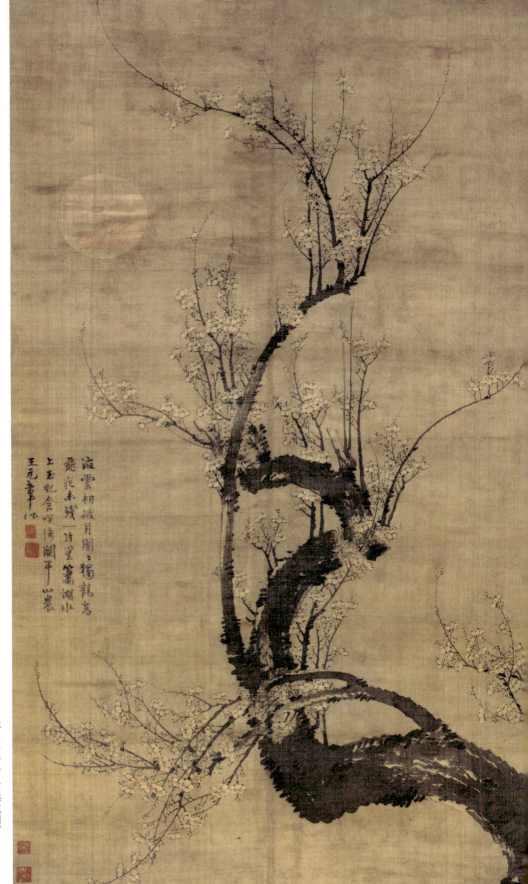

元　王冕《月下梅花图》

雪艷圖

金門畫史冷枚

▶ 清 冷枚 《雪艳图》

事迹，如爱国英雄于谦所写的《题孟浩然踏雪寻梅》："满头风雪路敬斜，杖屦行寻卖酒家。万里溪山同一色，不知何处是梅花。"又如《金瓶梅》第二十回中："我每许久不曾进里边看看桂姐，今日趁着落雪，只当孟浩然踏雪寻梅，望他望去。"

踏雪寻梅自有一番乐趣，骑上一头瘦骨嶙峋的毛驴，踏过窄窄的木桥，走过几多盘山险道，颇有几分"空林有雪相待，古道无人独还"的幽独情怀。如果能在岑寂旷远、人迹罕至的雪原之中，发现一树寒梅，凌寒而开，那一份欣喜，甚至比拾到金玉珠宝更加宝贵。

"雪满山中高士卧，月明林下美人来。"山中梅，雪中梅，才真正符合梅花清傲孤洁的形象。踏雪寻梅，寻的正是这样的梅。

著名南宋爱国诗人陆游，一生痴爱梅花，有道是"闻道梅花坼晓风，雪堆遍满四山中。何方可化身千亿，一树梅花一放翁"。陆游恨不得化身成千亿个自己，守在山中的每一株梅树前，陪伴梅花，以慰寂寞。

▶ 明 佚名《踏雪寻梅图》

175

当他发现路边孤梅时，更是深情地写下："无意苦争春，一任群芳妒。零落成泥碾作尘，只有香如故。"日落荒原、孤单零落的一株瘦梅，让诗人顿起同病相怜之意，这样的品格和风骨，正是幽人高士的节操。相比之下，那些取媚于人的红桃白杏，都近于倚门卖笑之属了。

因为踏雪寻梅被公认为是风雅之事，所以自明代文人画兴起后，这一情景就屡屡成为绘画的重要题材，比如明代戴进的《踏雪寻梅图》，画了皑皑白雪覆盖着山林，山势高耸冷峻，山林树枯叶落，一片萧瑟之景，山间见一古寺，有落满霜雪的石桥相通。一位来访的逸士携杖而行，正欲走过此桥，岸上老树盘曲，通幅画面未见梅花，但寻梅之意盎然纸外。

而清代萧晨的《踏雪寻梅图》则画出了雪中的梅树。在冻河石矶之畔，有一株苍劲挺拔的老梅树。寻梅者是一位老翁，拄杖昂首，凝神观看，而跟随他的一名小童，却对梅花不怎么感兴趣，他不看梅花，却转头看向河边，不知在想什么。这幅图其实非常真实生动，不谙世事的孩童当然不能理解饱读诗书的老翁寻到梅花时的欣喜，他对凿冰捉鱼可能更有兴趣。

清代的王素和汪圻二人所画的《踏雪寻梅图》描绘的都是盛妆仕女到山间踏雪寻梅的图景，可能普通人更喜欢这种红装素裹的美人配上白雪红梅的画面，比朽翁老梅更商业化、平民化。齐白石的《踏雪寻梅图》则更为简单，用大写意的笔法，只画一个女子，手持几枝红梅。

《红楼梦》中，贾宝玉到栊翠庵乞红梅的情节，也可以视为游戏版的"踏雪寻梅"，娇生惯养的宝二哥没有吃苦精神，无法真正去山中寻梅，于是到妙玉处乞得一两枝梅花。

当然，真正到深山幽涧踏雪寻梅，寻不着也是常有的事情。元代叶颙有诗："云碛前村路不通，暗香疏影杳无踪。琼琚踏碎知何处，月上孤山第一峰。"又如清代俞士彪也在寻梅不见时自嘲道："踏雪相寻南陌，浑不见、枝头春色。想应笑我羁愁，故故收香藏白。"

其实我觉得，无论寻得着还是寻不着，踏雪寻梅本身就是一件乐事。来到雪后的山林，寒风凛冽，寂寞无人，转过溪桥古寺，看遍苍松怪石，本身就是一种很好的健身运动和精神享受。正如晋代王子猷雪夜访友的故事："吾本乘兴而行，兴尽而返，何必见戴。"就算没寻到梅花又有何妨？正所谓："平生春兴十分深，长恐梅花负赏心。偶有一枝斜照水，前村踏雪也须寻。"

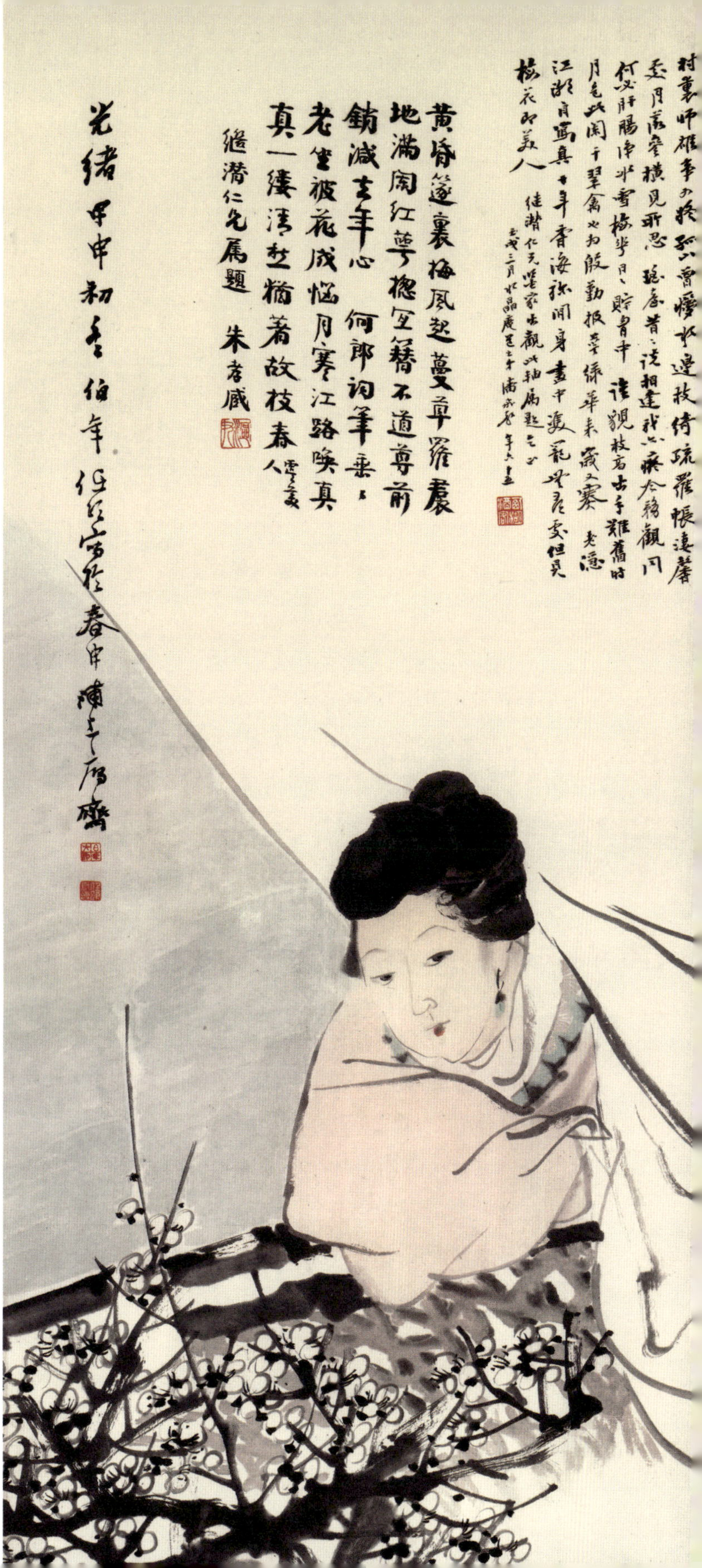

黄昏篷裏梅風恣蔓章羅帘

地滿闌紅萼揔空籍不道尊前

銷減去年心 何郎詞筆垂

老筆披花成惱月寒江路喚真

真一縷清芬糁著故枝春人

繼潛仁兄屬題 朱孝臧 [印]

光緒甲申初冬伯年 任頤寓齋 春申陳士 [印][印]

清 任伯年《梅花仕女圖》

❀除夕守岁

除夕是一年中的最后一夜，又有"年三十""大年夜"等称呼，过了此夜就是新的一年了。

这是中国人最为看重的一个节日，除非有很意外的情况，否则在这个时候，都是一家人团团圆圆地围在饭桌前，吃一顿非常丰盛的年夜饭。其实，人们为了这一天，已经准备了好久。一到俗称"小年"的腊月二十三，人们就忙着备年货、扫屋子、迎财神、贴春联、焚香沐浴、置办新衣、张灯结彩，无论天南海北，到处一派喜气洋洋的气氛。

此情此景，宋代戴复古的诗就给出了高度概括："扫除茅舍涤尘嚣，一炷清香拜九霄。万物迎春送残腊，一年结局在今宵。生盆火烈轰鸣竹，守岁筵开听颂椒。野客预知农事好，三冬瑞雪未全消。"诗句毕竟有些晦涩难懂，不如《金瓶梅》小说里写得明白："看看到年除之日，窗梅痕月，檐雪滚风，竹爆千门万户，家家贴春胜，处处挂桃符。"由此可见，明代当时的风俗，基本上与现在过年的习惯无异了。

身处现代社会，平日里物质极大丰富，娱乐多姿多彩，而过年时也不再让放烟花爆竹，年味对大家来说，也是越来越淡了。记得我小时候，人们对过年的期盼值，还是相当高的，男孩子对于穿新衣这事并不怎么看重，最渴望的就是吃油汪汪的大块猪肉，然后拿上一串鞭炮到处燃放。孩童们对于大人们一点就是一整挂鞭炮的放法，觉得很是暴殄天物，所以他们都是拆开来一枚枚地放，或插在墙缝里、树杈上，或者直接扔在半空中来个"空爆弹"，甚至拿来炸纸盒、罐头盒、塑料瓶什么的，玩得不亦乐乎。而且，这一天可以堂而皇之地有理由拒绝写作业，可以光明正大地玩乐。在当时，除夕夜就是过年期间的兴奋高潮，因为真正到了大年初一，也就意味着新年要过完了。正如周末的夜晚，远比周日的下午要快乐得多。

对于成人来说，除夕之夜，总是夹杂着不少复杂的情感。尤其对于年岁渐高的人，手中的岁月已如指缝中的流沙一般，抓不牢握不住，不断地流逝。来

明　李士达　《岁朝村庆图》

到一年的末尾，翘望新春的曙光，盘点走过的那旧时光阴，令人怀想，令人流连。这种滋味，可谓"中年心事浓如酒"，百味杂陈。

但对于少年人就不一样了，他们新年新希望，对一切都充满着未知和向往，所以过年时饮屠苏酒也有着特别的习俗。平日里饮酒，都要尊老敬长，让长辈先喝，而这屠苏酒不然，是少年先饮，老人后饮。对于这个习俗，晋人董勋曾解释说："少者得岁，故贺之；老者失岁，故罚之。"也就是说，少年人过了一年，长大了一岁，越来越成熟强壮，所以值得庆贺；而老年人过了一年，就是寿命减少了一年，越来越衰老，所以要罚酒。

由此可见，除夕之日，少年人的欢乐更甚于成人。过年了，有好吃的好玩的，有热闹可看，有压岁钱可拿，实在是一个值得期盼的日子。

不过，除夕带给老年人的，也不全是感慨。看到一家老小满堂欢聚，那份满足感也是老年人心中所盼的。像《红楼梦》中写贾府的除夕夜，一大家子人坐在一起，看着戏、听着书、吃着酒，说说笑笑，看着这满堂儿孙，贾母心中的快乐值想必也相当高吧。

除夕之乐，莫过于阖家团圆、双亲在堂。俗话说："家有一老，如有一宝。"正像南宋杨无咎的《迎春乐》中所说的情景："新来特特更门地。都收拾、山和水。看明年、事事都如意。迎福禄、俱来至。 莫管明朝添一岁。尽同向、尊前沈醉。且唱迎春乐，祝慈母、千秋岁。"

词中说，新年将至，将住宅庭院彻底收拾一遍，打扫得干干净净，此时云消雪霁，似乎连老天爷也在收拾山山水水，辞旧迎新。希望明年的日子，事事都会称心如意，将福和禄都迎到家中。不要管明天过后，又添一岁，我们先一起举杯畅饮，喝个痛快，不醉不休。哼起迎春的乐曲，祝慈祥的老母，高寿千秋。

通过词中这一派喜乐融融的场景，我们仿佛看到当年的厅堂上，红烛点点，照出热闹的酒宴，老人高坐在椅上，儿童嬉闹在桌前，欢声笑语里充满了对来年的祝福和祈愿。

▶ 清 姚文瀚《岁朝欢庆图》

对于一些高人逸士来说，过年时的心怀又是不同的。世俗所谓的繁华热闹，他们并不稀罕，就算是僻处山间野村，也能自得其乐。像明代大才子文徵明除夕夜还在编订自己的诗稿，他写道："人家除夕正忙时，我自挑灯拣旧诗。莫笑书生太迂腐，一年功事是文词。"又如南宋末年的诗人方岳过除夕夜的情景是这样的（《除夕》）：

> 生菜春盘草八珍，灯前殊未觉家贫。
>
> 几多药里中间事，第一屠苏最后人。
>
> 衰病不图今夕健，须臾又是隔年春。
>
> 东风自此无闲暇，万里乾坤一夜新。

从诗中看，方岳家中的年夜饭并不丰盛，连大鱼大肉都很少，就是一些蔬菜之类，权且充当八珍之数，但他却没有觉得这是寒酸贫困。当时方岳年事已高，衰病频仍，却依旧期盼着来年的新春，畅想着"万里乾坤一夜新"，有一片新的天地、新的气象。

> 今岁今宵尽，明年明日催。寒随一夜去，春逐五更来。
>
> 气色空中改，容颜暗里回。风光人不觉，已著后园梅。

这首诗，据说是在唐玄宗开元初年，一个叫史青的少年写成的五步诗（一说作者为王諲），"寒随一夜去，春逐五更来"道出了除夕时最突出的意义所在，旧岁的严寒就要离我们远去，那暖暖的春色将伴随五更时的崭新黎明快步踏来。

岁朝图

新韶送走鸣嘶争迎骚姬岛
嘟戮己更轩宽厚知他日事
无将敦收寓舁車
辛世八月八牵
壬明华九久雅厚クロ
卯年夕
岁衰焰姜选超

民国　袁培基　《岁朝图》

容膝宽天地，披吟乐古今

　　看过了古人们诸多的赏心乐事，想必大家会有一个感触，那就是在普普通通的日常生活中，就有很多唾手可得的简单快乐。这些平日里被我们忽略掉的快乐，却是最持久、最本真的人生滋味。所谓"风流得意之事，一过辄生悲凉。清真寂寞之乡，愈久转增意味"就是这个意思。

　　或许我们又会觉得，和古人比起来，我们最缺乏的就是时间，在现代社会的激烈竞争中，我们又如何能有大把的时间来效法古人的优哉游哉呢？

　　确实，我们置身于现代快节奏的社会生活中，无法完全做到像古人那样"闭门即是深山"，归隐在田园山林之中。但是，不要忘了苏东坡告诉过我们这样一个故事：

　　当年他被贬斥到偏远的岭南惠州，有天想散散心，便登上小山，到高处的松风亭上歇一歇脚。然而爬了好一段路，年迈的苏东坡体力早已不支，抬眼望去，只见亭子还在树梢间隐现，一时间哪里走得到呢？东坡踌躇良久，突然豁然开朗：为什么非要到亭上去休息呢，我在这里坐下来不一样可以休息吗？所以，苏东坡想明白了这样一个道理：人生的途中，其实随时可歇、随处可歇，主要是让心歇一歇。

　　这个故事，对于现在精神压力极大的现代人来说，可谓教益良多。生活在快节奏的今天，很多人常常疲惫不堪，得不到休息。大家常会想，做完这一件事情后，就放松一下自己。但事情总是一件接一件，让我们不得喘息。那我们

何不这样想，为什么非要做完某些事情，达到某个目标才放松一下？就算既有业绩考核的压力，又有房贷车贷的负担，我们也不妨随时放松心情，正所谓"此间有什么歇不得处"？

而且，放松和休息也并非完全是"负面效应"，正所谓"手把青秧插满田，低头便见水中天。心地清净方为道，退步原来是向前"。只有在一个个心灵驿站中得到休息补充后，我们才能精神饱满地继续走下去。

人生苦短，浮生若梦，为欢几何？百年不过三万多天，如果我们手中最多只有三万块钱，那么花一块钱恐怕也会分外用心吧？而我们最珍贵的时光，经常就在不知不觉中逝去了。"我们不慌不忙，总以为来日方长"，但实际上，这时光，真的是匆匆，太匆匆！所以，多留一些时间给自己，舍弃一些不必要的物欲羁绊，多向古人学习，多品味这四时中难得的乐事。

正如唐伯虎在《一年歌》中所说：

一年三百六十日，春夏秋冬各九十。

冬寒夏热最难当，寒则如刀热如炙。

春三秋九号温和，天气温和风雨多。

一年细算良辰少，况且难逢美景何？

美景良辰倘遭遇，又有赏心并乐事。

不烧高烛对芳樽，也是虚生在人世。

古人有言亦达哉，劝人秉烛夜游来：

春宵一刻千金价，我道千金买不回。

"昔余轻岁月，兹也重光阴"，让我们立刻开始，无比珍惜地度过这日升月落的每一天吧！

▼ 宋　佚名《十八学士图》（局部）

附录

一日之中晨、晌、晡、昏之乐

晨起，点梅花汤，课奚奴洒扫护阶苔。禺中，取蔷薇露浣手，薰玉蕤香，读赤文绿字书。晌午，采笋蕨，供胡麻饭，汲泉试新茗。午后，乘款段马，执剪水鞭，携斗酒双柑，往听黄鹂。日晡，坐柳风前，裂五色笺，集锦囊佳句。薄暮，绕径灌花、种鱼。（● 春）

晨起，芰荷为衣，傍花枝吸露润肺。禺中，披古图画，展法帖临池。晌午，脱巾石壁，据匡床，谈《齐谐》《山海》，倦则取左宫枕，烂游华胥国。午后，刳椰子杯，浮瓜沉李，捣莲花饮碧芳酒。日晡，浴罢朱砂温泉，擢小舟，垂钓于古藤曲水边。薄暮，箨冠蒲扇，立层冈，看火云变现。（● 夏）

晨起，下帷，检牙签，挹露研朱点校。禺中，操琴调鹤，玩金石鼎彝。晌午，用莲房，洗砚，理茶具，拭梧竹。午后，戴白接䍦，着隐士衫，望红树叶落，得句题其上。日晡，持蟹螯鲈脍，酌海川螺，试新酿，醉弄洞箫数声。薄暮，倚柴扉，听樵歌牧唱，焚伴月香，甕菊。（● 秋）

晨起，饮醇醪，负暄盥栉。禺中，置毡褥，市乌薪，会名士，作黑金社。晌午，挟策理旧稿，看暑形移阶，濯足。午后，携都统笼，向古松，悬崖间，敲冰煮建茗。日晡，布衣皮帽装，嘶风镫，策蹇驴，问寒梅消息。薄暮，围炉促膝煨芋魁，说无上妙偈，谈剑术。（● 冬）

——〔明〕程羽文《清闲供》

一年之中，春夏秋冬四时之乐

时值春阳，柔风和景，芳树鸣禽，邀朋郊外踏青，载酒湖头泛棹。问柳寻花，听鸟鸣于茂林；看山弄水，修禊事于曲水。香堤艳赏，紫陌醉眠。杖钱沽酒，陶然浴沂舞风；茵草坐花，酣矣行歌踏月。喜鹈鹕之睡沙，羡鸥凫之浴浪。夕阳在山，饮兴未足；春风满座，不醉无归。此皆春朝乐事，将谓闲学少年时乎！

夏月则披襟散发，白眼长歌，坐快松楸绿阴，舟泛芰荷清馥，宾主两忘，形骸无我。碧筒致爽，雪藕生凉。喧卑避俗，水亭一枕来熏；疏懒宜人，山阁千峰送雨。白眼徜徉，幽欢绝俗，萧骚流畅，此乐何多？

秋则凭高舒啸，临水赋诗，酒泛黄花，馔供紫蟹。停车枫树林中，醉卧白云堆里。登楼咏月，飘然元亮高闲；落帽吟风，不减孟嘉旷达。观涛江渚，兴奔雪浪云涛；听雁汀沙，思入芦花夜月。萧骚野趣，爽朗襟期，较之他时，似更闲雅。

冬月则杖藜曝背，观禾刈于东畴；策蹇冲寒，探梅开于南陌。雪则眼惊飞玉，取醉村醪；霁则足蹑层冰，腾吟僧阁。泛舟载月，兴到剡溪，醉榻眠云，梦寒玄圃。何如湖上一蓑，可了人间万事。

四时游冶，一岁韶华，毋令过眼成空，当自偷闲寻乐。已矣乎！吾生几何？胡为哉！每怀不足。达者悟言，于斯有感。

——〔明〕高濂《四时幽赏录》

一年之中，十二月之乐事

【正月孟春】

岁节家宴　立春日迎春春盘　人日煎饼会　玉照堂赏梅　天街观灯　诸馆赏灯
丛奎阁赏山茶　湖山寻梅　揽月桥看新柳　安闲堂扫雪

【二月仲春】

现乐堂赏瑞香　社日社饭　玉照堂西赏绸梅　南湖挑菜　玉照堂东赏红梅　餐
霞轩看樱桃花　杏花庄赏杏花　群仙绘幅楼前打球　南湖泛舟　绮互亭赏千叶
茶花　马塍看花

【三月季春】

生朝家宴　曲水修禊　花院观月季　花院观桃柳　寒食祭先扫松　清明踏青郊行
苍寒堂西赏绯碧桃　满霜亭北观棣棠　碧宇观笋　斗春堂赏牡丹芍药　芳草亭
观草　宜雨亭赏千叶海棠　花苑蹴鞠鞬　宜雨亭北观黄蔷薇　花院赏紫牡丹
艳香馆观林檎花　现乐堂观大花　花院尝煮酒　瀛峦胜处赏山茶　经寮斗新茶
群仙绘幅楼下赏芍药

【四月孟夏】

初八日亦庵早斋　南湖放生食糕糜　芳草亭斗草　芙蓉池赏新荷　蕊珠洞赏茶蘼
满霜亭观橘花　玉照堂尝青梅　艳香馆赏长春花　安闲堂观紫笑　群仙绘幅楼
前观玫瑰　诗禅堂观盘子山丹　餐霞轩赏樱桃　南湖观杂花　鸥渚亭观五色罂
粟花

【五月仲夏】

清夏堂观鱼　听莺亭摘瓜　安闲堂解粽　重午节泛蒲家宴　烟波观碧芦　夏至日
鹅脔　绮互亭观大笑花　南湖观萱花　鸥渚亭观五色蜀葵　水北书院采蘋　清夏
堂赏杨梅　丛奎阁前赏榴花　艳香馆尝蜜林檎　摘星轩赏枇杷

【六月季夏】

西湖泛舟　现乐堂尝花白酒　楼下避暑　苍寒堂后碧莲　碧宇竹林避暑　南湖湖心亭纳凉　芙蓉池赏荷花　约斋赏夏菊　霞川食桃　清夏堂赏新荔枝

【七月孟秋】

从奎阁上乞巧家宴　餐霞轩观五色凤儿　立秋日秋叶宴　玉照堂赏玉簪　西湖荷花泛舟　南湖观鱼　应铉斋东赏葡萄　霞川水荭　珍林剥枣

【八月仲秋】

湖山寻桂　现乐堂赏秋菊　社日糕会　众妙峰赏木樨　中秋摘星楼赏月家宴霞川观野菊　绮互亭赏千叶木樨　浙江亭观潮　群仙绘幅楼观月　桂隐攀桂杏花庄观鸡冠黄葵

【九月季秋】

重九家宴　九日登高把萸　把菊亭采菊　苏堤上玩芙蓉　珍林尝时果　景全轩尝金橘　满霜亭尝巨螯香橙　杏花庄篘新酒　芙蓉池赏三色拒霜

【十月孟冬】

旦日开炉家宴　立冬日家宴　现乐堂暖炉　满霜亭赏蜜橘　烟波观买市　赏小春花　杏花庄挑畲　诗禅堂试香　绘幅楼庆暖阁

【十一月仲冬】

摘星轩观枇杷花　冬至节家宴　绘幅楼食馄饨　味空亭赏腊梅　孤山探梅　苍寒堂赏南天竺　花院赏水仙　会幅楼前赏雪　绘幅楼削雪煎茶

【十二月季冬】

绮互亭赏檀香腊梅　天街阅市　南湖赏雪　安闲堂试灯　湖山探梅　花院观兰花瀛峦胜处赏雪　二十四夜饧果食　玉照堂赏梅除夜守岁家宴　起建新岁集福功德

——〔南宋〕张镃《赏心乐事》

图书在版编目（CIP）数据

古人生活有意思 / 石继航著. -- 南京 : 江苏凤凰
美术出版社, 2023.2
ISBN 978-7-5741-0573-7

Ⅰ. ①古… Ⅱ. ①石… Ⅲ. ①社会生活—中国—古代
Ⅳ. ①K207

中国版本图书馆CIP数据核字(2022)第256056号

出版统筹　　王林军
项目策划　　李　佳　刘禹晨
责任编辑　　韩　冰
装帧设计　　毛欣明
责任校对　　王左佐
责任监印　　唐　虎

书　　　名　古人生活有意思
著　　　者　石继航
出版发行　江苏凤凰美术出版社（南京市湖南路1号　邮编：210009）
印　　　刷　雅迪云印（天津）科技有限公司
开　　　本　710 mm×1 000 mm　1/16
印　　　张　12
版　　　次　2023年2月第1版　2023年2月第1次印刷
标准书号　ISBN　978-7-5741-0573-7
定　　　价　69.80元

营销部电话　025-68155675　营销部地址　南京市湖南路1号
江苏凤凰美术出版社图书凡印装错误可向承印厂调换